Почему *тираннозавр*, но не *если*?

Проект о дислексии для будущего образования

РИЧАРД УАЙТХЭД

Почему *Тираннозавр* но не *если*?
Издание на американском английском.

Копирайт © 2017—2022 Ричард Уайтхэд

Все права защищены. Содержание этой книги запрещено копировать, передавать, перепечатывать, копировать или использовать любым иным образом без письменного разрешения автора, за исключением рецензентов, которым разрешено использовать краткие отрывки книги в тексте рецензии.

Davis Dyslexia Association International, логотип DDAI, фразы коррекция дислексии Дейвиса, освоение символов Дейвиса, помощь Дейвиса в ориентации, освоение математики Дейвиса, стратегии обучения Дейвиса и дар дислексии являются торговыми и сервисными марками Рональда Д. Дейвиса и DDAI. Могут быть коммерчески использованы лишь обученными и лицензированными Davis Dyslexia Association International специалистами.

ISBN: 191235506X

ISBN-13: 9781912355068

Графика «трёх частей слова» и дизайн обложки за авторством Микэйла Амоса http://michaelamos.uk

Напечатано и переплетено в Великобритании.
Первое издание на английском языке, июль 2017.

Опубликовано издательством Create-A-Word Books Ltd
47 – 49 Church Street, Malvern, Worcestershire WR14 2AA, United Kingdom

Посетите http://www.whytyrannosaurusbutnotif.com

ПОСВЯЩАЕТСЯ

Рональду Деллу Дейвису.

Выдающемуся педагогу,
На чьей мудрости во многом основывается эта книга.

Оглавление

Введение I

Предисловие IV

ЧАСТЬ I – ПОЧЕМУ *ТИРАННОЗАВР* НО НЕ *ЕСЛИ*?

Глава 1: «Я не понимаю – он может прочесть *тираннозавр*, но застревает на *если*!» 1

Глава 2: Повторение пройденного: наблюдения учителя средней школы. 24

Глава 3: Слова и картины: вербальное и трансвербальное мышление. 40

Глава 4: Звучать или не звучать? Вот в чём «начальный» вопрос… 54

Глава 5: Что такое чтение 68

Глава 6: СДВГ и тайна «скорости обработки данных» 86

Глава 7: Рабочая память или эмоциональная память? 104

ЧАСТЬ II – ТИРАННОЗАВР НА СВОБОДЕ 123

Глава 8: Стратегии обучения по методу Дейвиса 124

Глава 9: Активизируя мозг – стратегии фокусировки Дейвиса 133

Глава 10: Лаборатория слова – освоение символов Дейвиса 138

Глава 11. Конец войнам чтения — 156

Глава 12: «Работая как часы» – креативный подход к освоению циферблата. — 165

Глава 13: Разрядность числа. — 200

Глава 14: Химия – представляя моли. — 214

Глава 15: Сводя всё вместе. — 221

БИБЛИОГРАФИЯ — 226

ПРЕДМЕТНЫЙ УКАЗАТЕЛЬ — 237

Двигаясь дальше — 239

Список иллюстраций

Рис. 1: Три части слова 10
Рис. 2: Когнитивный путь воспринимающего фонетические инструкции читателя 17
Рис. 3: Типичный когнитивный путь дислектика 18
Рис. 4: Блок, который встречает дислектичный читатель, когда смысл слова не вызывает умственного образа 20
Рис. 6: Пример электронной мысленной карты для запоминания предмета 34
Рис. 7: проблема с фонетикой у читателей с низкой фонематической осведомлённостью 64
Рис. 8: проблема с фонетикой у читателей со зрительной дислексией 65
Рис. 9: проблема с фоникой у учеников с расстройством внимания ... 67
Рис. 10: реконструкция теста Струпа 78
Рис. 11: Стратегии обучения Дейвиса и простейшие слова 81
Рис. 12: Стратегии обучения Дейвиса и простейшие слова. Источник: www.davislearn.com 82
Рис. 13: Стратегии обучения Дейвиса и обращения GATE. Источник: www.davislearn.com 83
Рис. 14: Верхний ряд теста модальности цифр (Смит, 1982). 89
Рис. 15: Техника освоения концепции «лево» Дейвиса-Тзиванакиса. Пластилиновая модель, сделанная ученицей, представляет её саму и поставлена к ней спиной, чтобы левая сторона модели совпадала с левой стороной ученицы 114
Рис. 16: Техника освоения алфавита Дейвиса 115
Рис. 17: Освоение символа puppy (англ. щенок): «молодая собака» 148

БЛАГОДАРНОСТЬ

Выражаю сердечную благодарность моим дорогим друзьям и коллегам, без чьей помощи, совета и поддержки эта книга никогда бы не увидела свет. Особое спасибо Эбигейл, Элис, Аманде, Каролине, Дженис, Линне, Майку, Рону, и двум ангелам моей жизни Маргарите и Татьяне.

Большое спасибо Микаэлю Амосу за его терпение и вдохновение, приложенные к созданию дизайна книги.

Введение

Рональд Д. Дейвис

В моей книге *Дар дислексии* я писал о маленьком мальчике, который просил Бога, чтобы его больше не ставили в угол. По сути, этот маленький мальчик представлял меня самого в детстве, когда я не мог читать и писать, и был заклеймён «необучаемым» и «умственно отсталым». Он представлял всех детей, всех мальчиков и девочек на протяжении многих веков, которые в какой-то момент осознавали, что неспособны учиться по школьным учебникам, и из-за этого терпели стыд, унижение, а иногда и телесные наказания.

Как было бы хорошо, даже спустя почти четверть века, узнать, что мольбы мальчика были услышаны. В каком-то смысле так оно и есть. Тогда сама идея того, что дислексия может происходить из дара, в лучшем случае казалась бы нелепой. С тех пор о наличии у дислектиков особых талантов стало общеизвестно.

Преуспевших в своей профессии дислектиков поздравляют в книгах, в Интернете, о них говорят в видео на YouTube, принося надежду и вдохновение миллионам других людей.

Но таких единицы; в то время миллионы мальчиков и девочек по всему миру учатся читать и не могут научиться. Иногда родители или учителя пытаются подбодрить их, указывая им на тех успешных дислектиков. В большинстве наших образовательных моделей нет проверенного ноу-хау, которое могло бы помочь детям направить их природные таланты на обучение. Из-за этого такие дети вырастают с твёрдой уверенностью в собственной глупости, несмотря на то, что на самом деле в них сокрыт огромный потенциал.

Веками мечты о том, чтобы помочь детям, которые «потерялись» в попытках освоить общепринятые программы обучения, упали духом, раскрыть их таланты и привить любовь к учебе, приводили молодых мужчин и женщин на путь учителя. В эру, когда многие проводят всю свою рабочую жизнь за компьютерным экраном, учителя поддерживают ежедневный прямой контакт со своими учениками. На них возложена задача исполнить именно эти мечты, однако только самым талантливым учителям иногда удаётся добиться цели. Слишком часто учителя сами теряются и падают духом, столкнувшись с непреодолимой стеной, не позволяющей им вовлечь

ВВЕДЕНИЕ

детей в учёбу. Их подводит сама модель, по которой они учились преподавать.

Родители проблемных учеников находятся в схожей позиции. Ими тоже движет страстное желание помочь своему чаду, защитить его и воспитать. Когда их ребёнок сталкивается с проблемами, они делают всё возможное, чтобы помочь ему. Однако они тоже ограничены той моделью обучения, по которой учили в школе их самих. Когда для их детей эта модель оказывается нерабочей, их поглощает мощный коктейль эмоций: фрустрация, смятение и сомнения в собственной компетентности как родителя. По трагической иронии, несмотря на самые лучшие намерения, этот стресс может быть неосознанно передан от родителя к ребёнку.

Вот почему эта книга так важна. Дислектичным детям нужны учителя и родители, которые не только искренне хотят им помочь, но и могут направить их в сторону обучающих методов, которые будут работать для *них*. Нужные для этого навыки просты, но они бросают вызов некоторым существующим образовательным парадигмам, и поэтому их необходимо сопроводить новейшими открытиями понимания о том, как дислектики думают и, следовательно, как они учатся. Эта книга предоставит и то, и другое, таким образом передавая вам в руки ключ, который может открыть радость обучения «маленькому мальчику в углу», а также миллионам других юных умов.

Предисловие

Впервые я зашёл в класс как учитель, когда мне было чуть больше двадцати. Этот опыт был для меня отрезвляющим. Я всегда со страстью подходил к учёбе – сначала в школе, а затем в университете, и меня поразило, что до стольких детей в моём классе я просто не мог достучаться. Со всей энергией моей наивной юности я работал допоздна и вставал спозаранку, создавая подробнейшие планы уроков, которыми я надеялся поразить свой класс. Я был сконцентрирован на знаниях, которые пытался передать, и порой упускал из виду реакции учеников. Некоторые мои уроки были прекрасны, некоторые - в лучшем случае посредственны. Приношу мои извинения всем, кому довелось побывать на вторых. Я очень старался, пытаясь компенсировать недостаток опыта рвением.

ПРЕДИСЛОВИЕ

В эти тяжкие первые дни я заметил, что некоторые ученики особенно плохо воспринимали мой стиль обучения. Одна девочка была особенно искусна в побегах из класса без сдачи учителю на проверку домашней работы. Когда все же работа была сделана и сдана, то это был абсолютный минимум – не более четверти от всего заданного, со страшными ошибками даже в самых коротких и самых простых словах. По мере приближения к пубертатному периоду, некоторые из таких учеников превращались из тихих, отстающих детей в шумных, излишне самоуверенных хулиганов, которые всем своим видом старались показать, что в моём классе они являются подневольными узниками, оставаясь в комнате лишь потому, что этого требовал закон. Они уже убедились в своей невозможности выучить здесь что-то ценное и не осознавали, как сильно они мешали своим поведением другим ученикам. Другие в отчаянии прикладывали все усилия, но их прогресс в учёбе оставался болезненно медленным. Некоторые часами работали над домашним заданием, тщательно сочиняли подробные работы аккуратнейшим почерком, но снова и снова получали двойки за каждый новый тест или экзамен. Со временем эти провалы на экзаменах начинали бить по их самооценке, иногда вызывая «экзаменофобию» - паническую атаку перед и во время экзамена, которая только ухудшала их и без того невысокие оценки.

Позже, после короткого периода работы в сфере финансов, я удостоился чести проводить тренинги по методикам дислексии Дейвиса, а после лично работал с детьми и взрослыми, у которых были трудности в чтении, письме, математике и/или поддержании должного внимания к окружению. Методы Дейвиса были разработаны Рональдом Дейвисом, дислектиком, который обучился читать и писать в тридцать с лишним лет, и после этого решил разработать новую модель специализированного, дружественного дислектикам образования. Подход Дейвиса был изложен в его книге Дар дислексии, быстро ставшей мировым бестселлером. Благодаря его работе я смог поднять свое понимание мышления и обучения дислектиков на качественно новый уровень.

Восемь лет спустя я вернулся в качестве преподавателя в класс британской независимой средней школы и получил должность координатора адаптивного образования. Я повстречал множество учителей, как в моей школе, так и на тренингах, которые жаждали свежего, осмысленного и эффективного руководства по работе с отстающими учениками. Многие из них получили просто ничтожный объём знаний об особом образовании в рамках своей профессиональной подготовки – моя собственная подготовка включала всего одну лекцию на эту тему, поданную в виде отвратительной PowerPoint-презентации старательным, но занудным лектором, чье продолжительное выступление в середине пришлось прервать на перерыв по просьбам аудитории, которая нуждалась в походе в туалет. Даже

ПРЕДИСЛОВИЕ

специализированная подготовка учителя особого образования может быть раздутой и излишне теоретизированной, не давая при этом практических советов и не предоставляя никакой реальной картины того, как дислектики на самом деле мыслят и учатся. Большая часть специализированной литературы о дислексии достаточно образовательна, но явно написана с прицелом на учащихся аспирантуры, в сухом и тяжёлом для понимания академическом стиле, плохо подходящим уставшему учителю для вечернего чтения. Такие термины, как стандартизированная оценка, рабочая память, скорость обработки и фонематическая осведомлённость, легко воспринимаемые координаторами особого образования вроде меня, могут быть настолько же сложны для простого учителя химии, как гидрокарбонаты и амфотерности для их учеников.

Недостаток практических знаний о дислексии среди большинства учителей через их смятение, фрустрацию и муки передаётся родителям дислектичных детей. Без поддержки квалифицированного профессионала открытие того, что у их ребёнка имеется нарушение обучаемости, может быть пугающим, сбивающим с толку событием. Значит ли это, что мой ребёнок глуп? Повлияет ли это на его будущее? Как я могу помочь ему? Когда мне надо быть строгим; когда надо быть понимающим? Что значит его плохое настроение после школы? Я слишком много вмешиваюсь в его школьную жизнь?

Или слишком мало? Некоторые родители нанимают педагога-психолога, а после не могут понять, что означают термины и показатели, данные им в оценочном отчёте. Некоторые безрезультатно объясняют преподавателям на родительском собрании особенности своих детей снова и снова. Многих беспокоит, что они не понимают дислексию своего ребёнка. Как усердно трудящийся дислектичный ребёнок остаётся один на один с чувством собственной неполноценности после каждого теста, так и его родители остаются с ощущением собственной беспомощности и ненужности после каждой безуспешной попытки помочь ему с домашней работой.

Эта книга написана для тех, кто заботится о наших трудных учениках. Их учителям она предоставляет твёрдую, наглядную картину того, как эти ученики мыслят, как они обучаются и как они могут добиться успеха в классе. Дислектичные ученики – не лишнее бремя для и так нагруженного учителя, а лакмусовая бумажка: форма обучения, подходящая для дислектичного ученика, подойдёт всем остальным и повысит их успеваемость. Дислектикам не нужно «особое», упрощённое образование; наоборот, для них нужно разбирать изучаемый предмет более быстро и глубоко, и делать это нужно способами, полностью раскрывающими способности детей и захватывающими их воображение. После того, как мы начнём понимать, как мыслят дислектичные ученики, они сами смогут многому нас учить.

ПРЕДИСЛОВИЕ

Их родителям книга даст ответы. Она предоставит программу поддержки их ребёнка в учёбе. Она образует единую платформу, на которой информированные родители могут общаться и сотрудничать с информированными учителями и вместе реализовывать объединённый подход к образованию их детей.

Как и качественное обучение, эта книга стремится быть настолько сложной, насколько это необходимо, но и настолько же простой, насколько это возможно. Она стремится объединить академическую строгость с простым и доступным стилем. Она стремится быть понятной.

Заметка о терминологии: вместо «люди с дислексией», в книге применяется термин «дислектики». Это сделано с полным пониманием того, что более политкорректным вариантом обращения будет первый, однако, принятый вариант (второй) обращается к дислексии так, будто это что-то, что «случается» с людьми, а не является неотъемлемой частью их личности. Данная книга старается продвинуть в массы идею о том, что дислексия является не болезнью или несчастьем, а лишь типом мышления, следовательно и обучения. Осознанное использование термина «дислектики», по мнению автора, - достойный способ отметить эту новую парадигму.

Часть I

Почему *тираннозавр* но не *если*?

Глава 1: «Я не понимаю – он может прочесть *тираннозавр*, но застревает на *если*!»

Несколько лет назад моя знакомая, практикующий Методист по дислексии, рассказала мне о диалоге, который состоялся между нею и семилетним мальчиком-дислектиком, которого привели на первую консультацию его родители.

-А я знаю, как пишется «elephant» [слон] внезапно выпалил мальчик с немалой долей гордости.

«Правда? Расскажи мне», - попросил мой знакомый.

«B-E-C-A-U-S-E»

Любой английский педагог начальной школы понял бы, что здесь произошло. Обычный способ научить ребёнка написанию орфографически сложного слова *because* [*потому*] - это заучивание акронима: «*Big*

Elephants Cannot Always Use Small Entrances» [«Большие слоны не всегда могут использовать маленькие входы"].

Непонимание мальчиком цели урока демонстрирует нам критически важный момент. Как и многие дислектики, мальчик обладал наглядно-образным типом мышления. Он учится с помощью своего воображения. В его обучении изображения и мысленные образы играют бóльшую роль, чем слова. Видимо, он довольно плохо понимал связь между буквами и их звучанием. Поэтому, когда учитель с помощью акронима вызвал в его воображении картину слона, **B-E-C-A-U-S-E** стало для него написанием образа слова *elephant,* который возник в его голове.

Причины, по которым столь живой ум образно мыслящего ребёнка может больше тяготеть к слову *слон,* чем к слову *потому,* могут много нам рассказать о природе и происхождении фундаментальнейших проблем с чтением и письмом. Прочтите этот отрывок текста, в котором часть слов пропущена:

_____ на _____ _____. _____ _____ казалась ей весьма _____. Лишь один ___ не __ ей ____: ____ли на это её ____? Она _____ даже _____ его: он казался ей очень _____ _____ .

Постарайтесь теперь забыть его. Посмотрите на другой вариант того же отрывка, но с другими пропусками:

«Я НЕ ПОНИМАЮ – ОН МОЖЕТ ПРОЧЕСТЬ ТИРАННОЗАВР, НО ЗАСТРЕВАЕТ НА ЕСЛИ!»

Амелия __ секунду задумалась. Идея поначалу ____ __ _____ привлекательной. ____ ____ вопрос __ давал _ покоя: согласится _ __ _____ _ босс? ___ боялась ____ спросить _: __ _____ _ _____ грозным человеком.

Почему первую версию было настолько сложнее понять, чем вторую, несмотря на то, что пропусков в ней меньше?

Слова в первой версии абстрактны, их невозможно просто представить.

15 слов, пропущенных в первом варианте отрывка (и отраженных во втором), имеют свою «картину», обозначая объекты, признаки и действия, с которыми нашему воображению легко работать. Грамматически такие слова-образы обычно являются существительными, прилагательными, глаголами и наречиями.

И напротив, 19 слов в первом варианте отрывка (пропущенные во втором) являются «соединительными». Эти слова указывают нам, как расставить предметы и события в нашей мысленной картине. Стоит ли чашка *над* или *под* столом? Вышел ли я *потому*, что шёл дождь или *несмотря на* то, что шёл дождь? Мы можем «видеть» смысл этих слов только в контексте фразы или предложения; рассмотренные отдельно, они не вызывают никаких мысленных образов. Грамматически соединительные слова обычно представлены предлогами, союзами, некоторыми наречиями, а также модальными глаголами как *«мочь»* и *«хотеть»*.

Парадоксально, но при чтении дислектики часто совершают ошибки именно в соединительных словах, которые наиболее часто встречаются и, как правило, короткие. Логично было бы ожидать, что их прочтение и распознавание будет простым и быстрым. Я разговаривал со многими родителями и учителями, подмечавшими эту особенность у своих дислектичных детей или учеников. Слова одной матери так запали мне в душу, что я использовал их в названии этой книги:

«Я не понимаю: он может прочесть тираннозавр, но застревает на если!»

Вот выдержка из моего анализа ошибок четырнадцатилетнего английского мальчика, допущенных им при чтении. Пока он читал, я отмечал в моей копии текста буквой «h» колебания, буквой «о» пропуски слов и буквой «с» поправки:

«Я НЕ ПОНИМАЮ – ОН МОЖЕТ ПРОЧЕСТЬ ТИРАННОЗАВР, НО ЗАСТРЕВАЕТ НА ЕСЛИ!»

> By lunchtime I felt really upset and was missing all my friends at my old school, and Maria. I remember sitting down on the grass under a large shady tree and wondering what they were all up to. Fortunately though a boy from my class came over, and we got chatting. His name was Toby, and he was quite small with short dark hair and had a habit of staring open mouthed at things occasionally, but he was harmless and he was a good listener. We talked about many things, such as my old school, the girls there, the girls here, where my new house was and how well we were settling in, the girls who lived round about me, the weather, the most popular places to hang out at the weekends and where you had the most chance of seeing the girls...I noticed for the first time that teenage boys

Отрывок из: «Тиберий отправляется в Рим» (Питер А. Кей)

Количество ошибок в соединительных словах поражает. Учитывая загадочную природу данного явления, поразительно, что практически отсутствуют научные исследования этой тематики. Юный читатель делал ошибки в таких словах, как *had (иметь)*, которое читается также, как пишется, состоит всего из трёх букв и составляет 0.25% от содержания типичной англоязычной книги. При этом он с лёгкостью прочёл несколько более длинных слов, таких как *fortunately (к счастью)* – более длинное слово, занимающее всего 0.0002% печатного текста на английском.[1]

Так или иначе бесчисленные наблюдения за дислектичными читателями показывают, что мозг дислектика гораздо легче сохраняет и распознает при чтении слова-образы, чем соединительные слова. Множество людей, знакомых с дислексией, – дислектики, родители, учителя, а также специалисты – приходят к заключению, что дислектики обладают ярким, мощным воображением. Можно смело утверждать, что воображение является главным обучающим инструментом дислектика. Это утверждение можно выразить иначе: дислектичный мозг жаждет познать *смысл* в виде *образа*.

Конечно дислексия является сферой научного интереса, в которой умозрительные заключения даже самых опытных специалистов не считаются самодостаточными, пока они не подкреплены эмпирическими доказательствами – и это верный подход, если вспомнить, с какой страстью приверженцы различных теорий происхождения дислексии защищают свои идеи. Я честно предупреждаю читателей, что эта книга содержит в себе как выдержки и обзоры научных исследований, так и суждения, основанные на личном опыте автора и его коллег. Я стараюсь поддерживать, насколько это возможно, максимально точный баланс между двумя составляющими, но если читатель заинтересован

---

[1] (Google Books Ngram Viewer)

лишь в одном из двух элементов, то он может спокойно пропускать разделы, описывающие другой. Книга больше принадлежит читателю, чем своему автору.

Количество исследований способностей дислектиков к визуализации крайне скудно. Тем не менее периодически появляются свидетельства того, что дислексия и яркое образное воображение часто коррелируют. Мета-анализ Карла Шурца и др.[2] обнаружил связь между дислектичностью участников экспериментов и увеличенным количеством нейронных связей мозга во внутренней части теменной коры – прекунеусе. Среди множества выполняемых функций прекунеус отвечает за художественные[3] способности и способность к визуализации[4]. В статье Сары Крамер[5] рассказывается об исследовании, в котором дислектичные участники демонстрировали склонность к мышлению образами концепций и идей, а не внутренним диалогом. Исследование Кати фон Каройи и Эллен Виннер[6] приводит целый набор свидетельств того, что люди с проблемными языковыми и читательскими навыками чаще встречаются среди артистов, математиков, изобретателей и детей,

---

[2] (Shurz, et al., 2015)
[3] (Chamberlain, et al., 2014)
[4] (Cavanna & Trimble, 2006)
[5] (Kramer, 2016)
[6] (von Károlyi & Winner, 2004)

демонстрирующих высокоразвитое пространственное воображение.

Длительный характер такого рода исследований, вероятно, является причиной того, что размеры выборки в них были относительно небольшими. Возможно, самым быстрым способом узнать, как думает большое число людей - просто спросить их. Именно это было сделано в рамках благотворительной организации «Dyslexic Advantage» (Преимущество дислексии). В 2015 году[7] был проведен опрос почти 1100 человек о преимуществах их мышления. Наиболее заметно ответы дислектичных и недислектичных респондентов различались при следующем утверждении: *«Когда я думаю о решении проблемы, моё мышление более невербально (визуальные образы, иные чувственные представления, движения и т.д.) чем вербально (слова)».* 80% дислектичных респондентов согласились с утверждением, в то время как лишь 10% недислектичных респондентов ответили утвердительно. Каково же значение этого различия между дислектичными «образными мыслителями» и недислектичными «вербальными мыслителями» – особенно для кого-то, в чьём распоряжении находится класс с учениками, принадлежащими к обеим группам?

Наиболее значимым выводом из сказанного является разница в том, как дислектики и

---

[7] (Dyslexic Advantage, 2015)

недислектики учатся читать и писать. Согласно Рональду Д. Дейвису, автору *«Дара дислексии»* и *«Дара обучения»*, у каждого слова есть три части: как оно выглядит (т.е. его написание), как оно звучит и что оно означает. Обычно обучение грамоте фокусируется только на двух из этих частей. Множество инструкций обучения чтению основано на принципах, известных под общим названием фонетического метода – подхода, связывающего написание слова с его звучанием, игнорируя его смысл. Однако дислектики учатся с помощью своего воображения, поэтому третья часть слова – его значение – необходима им для усвоения и запоминания слова. Именно значение слова выходит за рамки словесного мышления и напрямую взаимодействует с воображением.

Три части слова

Рис. 1: Три части слова

Фонетические инструкции разработаны так, чтобы связывать две нижних части словесного треугольника. Сначала ребёнок готовится к обучению с помощью упражнений по установлению *графемно-фонемного соответствия*, то есть способности соотносить букву и звук её произношения. Особенно горячо радеющие за фонематическую систему школы сначала обучают детей звукам букв, но не их названиям, заставляя потом их проходить ненужное переобучение, когда они начинают учить настоящие названия букв – похожую путаницу вы бы могли испытать, если бы ваш друг Дмитрий, к которому вы всю жизнь обращались «Дима», вдруг заявил, что его отныне следует называть только «Митя» и никак иначе. Представьте теперь тридцать три подобных ситуации и вы поймёте, что чувствуют дети при «переименовании» букв алфавита.

Затем ребёнка учат *соединению*: способности соединять несколько звуков вместе, составляя из них слово – т.е. пониманию того, как звуки *к-о-т* образуют слово «кот» – и *членению*, обратному процессу, в котором слово разделяется на его фонемы, а потом определяется его написание[8] (конечно, это работает только тогда, когда слово пишется так же, как и читается, а всевозможным исключениям детей обучают уже позже).

Результатом успешного освоения этих инструкций является способность *расшифровывать*, то есть извлекать из слова звук, основываясь лишь на его печатном представлении на странице книги, без необходимости вникания в его смысл. В Великобритании шестилетние дети проходят тест чтением на наличие этой конкретной способности. Он заключается в прочтении списка слов, в который включены так называемые «не-слова»: бессмысленные комбинации букв, такие как *кооб* и *зорт*, который могут быть расшифрованы *только*

---

[8] (National Literacy Trust)

фонетически[9]. В США множество первоклассников проходит похожий тест с бессмысленными сочетаниями букв в рамках тестирования DIBELS.

Мы рассмотрим плюсы, минусы и ограничения фонетических инструкций в частях 4 и 5. Пока что нам важно лишь знать, что большинству детей фонетический метод обучения чтению вполне подходит, но современные его исследования обнаруживают достаточно заметное меньшинство, в работе с которыми он не эффективен. Примером этого может стать проведённое в Соединённом Королевстве внеклассное занятие по обучению чтению детей в начальных школах Северного Йоркшира, упомянутое сэром Джимом Роузом в обзорной статье о дислексии и поддержании грамотности, написанной по запросу британского правительства[10]. В ней данное мероприятие приводят как свидетельство эффективности обучения чтению с использованием фонетического метода, несмотря на то, что двадцать восемь процентов детей, участвовавших в исследовании, не продемонстрировали никакого прогресса. Как пишут сами авторы, «из самого определения дислексии следует, что у определённого числа детей нарушения чтения и письма тяжелы, постоянны и практически неисправимы, вне зависимости от того, насколько эффективна и хорошо организована с ними работа»[11] Говоря человеческим

---

[9] (Ward, 2010)
[10] (Rose, 2009)
[11] (Centre for Reading and Language, 2009)

языком: «некоторых детей просто невозможно научить читать, поэтому мы не виноваты в том, что не способны им помочь».

Другие исследования показывают ещё больший процент детей, не поддающихся обучению по фонетическим методикам. Так, исследование, проведённое в Британии профессором Робертом Сэвэджем, ассистенткой Сью Кэрлесс и доктором Озлемом Эртеном, посвящённое внеклассным занятиям для учеников начальной школы с возможностью развития проблем с чтением, которые были проведены опытными преподавателями, показало, что из семидесяти четырёх участвовавших детей сорок девять учеников продемонстрировали улучшение результатов, но двадцать пять - нет[12]. Учитывая имеющуюся у нас (нашу) доказательную базу, сложно понять, как сэр Джим Роуз и правительство Соединённого Королевства пришли к заключению, что фонетический метод является приемлемым для обучения всех детей страны, по сути, приказав образовательным учреждениям перестать искать иные методы обучения для того весьма заметного меньшинства учеников, которые неизбежно столкнутся с проблемами в обучении при таком подходе.

В то же время существуют свидетельства, дающие основание предположить, что дислектики, которые обучаются эффективным стратегиям чтения, делают

---

[12] (Savage, Carless, & Erten, 2009)

это по совершенно иному когнитивному пути, нежели недислектики. В статье «Сканирование мозга показывает, что дислектики лучше читают с помощью альтернативных стратегий»[13] Эбигейл Маршалл цитирует исследование Джудит Рамси и Барри Хорвиц, а также команды исследователей под руководством Салли Шейвиц. Эти исследования показывают, что дислектики, которые освоили эффективные методы чтения, имеют отличную от недислектиков картину активности мозга: они гораздо активнее задействуют правое его полушарие. И наоборот, дислектики, которые продолжают испытывать трудности с чтением, демонстрируют *схожие* картины мозговой активности с недислектиками. Согласно Маршалл, «это исследование показывает, что для дислектичных читателей использование зон левого полушария, которые ассоциируются с фонетическим декодированием, является неэффективным. Там, где недислектичный читатель находит эффективный нейронный путь для фонетической информации, у дислектичного читателя рано или поздно образуется «пробка» из нейронных сигналов, перекрывающих путь обработки информации. И наоборот, дислектики, обходящие эти пути в собственном мозгу, больше опирающиеся на участки мозга, ответственные за невербальное мышление и анализ, могут стать отличными читателями».

---

[13] (Marshall, 2003)

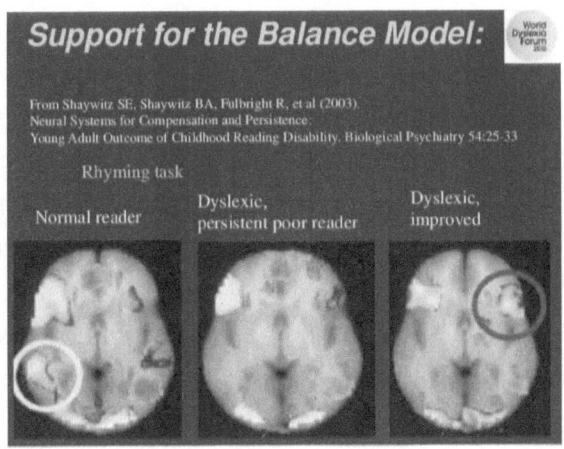

Рис. 2: исследование активности дислектичного и недислектичного мозга во время чтения, Салли Шейвиц. Source: Доктор Мария Луиза Лоруссо.

Анализ исследования Салли Шейвиц, проведённый Маршалл, хорошо сходится с так называемой «двухкоренной» гипотезой беглого чтения, которая в том или ином виде рассматривалась большим количеством психологов, лингвистов и неврологов в прошлом столетии. Тем читателям, которые хотят серьёзно углубиться в современные модели чтения, основанные на этой гипотезе, статья под руководством учёного-нейропсихолога Макса Колтарта «Двухканальная каскадная модель»[14] содержит детальный анализ того, как опытный читатель может полагаться одновременно как на внутренний «лексикон», связывающий написание слова напрямую с его значением, так и на систему

---

[14] (Coltheart, et al., 2001)

графемно-фонемных правил, связывающих написание слова напрямую с его произношением. Как пишут авторы, запутанная система ингибиторных и эксцитативных связей направляет опытных читателей по правильному пути – почти как навороченный GPS-спутник, знающий все возможные пути проезда, все места проведения дорожных работ и все дорожные пробки – позволяя им читать как слова, читаемые не так, как они написаны (такие как *молоко*) и не-слова (такие как *зорт*) с одинаковым мастерством.

Собирая воедино все имеющиеся у нас свидетельства, мы можем составить простую рабочую модель для демонстрации различий между дислектичной и недислектичной читательской компетентностью. Обычно недислектики, которые хорошо усвоили фонетические инструкции, по всей видимости, создают в процессе чтения сильную когнитивную связь между тем, как слово выглядит на листе, и тем, как оно звучит. Их внутренний опыт чтения становится «голосом в голове», который «произносит» слова, которые они видят. Если они уделяют ему достаточно внимания, а также знакомы с лексикой текста, то скорее всего поймут то, что читают, возможно, целыми предложениями за раз. Однако, если они склонны к мечтательству и расслабляют своё внимание в то время, как «голос» в их голове читает текст, то у них есть все шансы дочитать до конца абзаца или страницы и осознать, что они совершенно не поняли прочитанного. Их основной когнитивный путь пролегает от того, как выглядит слово, к тому, как оно звучит, и лишь из этого они понимают, что оно значит. Они хорошо показывают себя в тестах на чтение не-слов и скорее всего соединительные слова вроде *или* не будут представлять для них большей сложности, чем слова-образы, как *тираннозавр*. Модель их читательского опыта может быть передана схемой на рисунке 3:

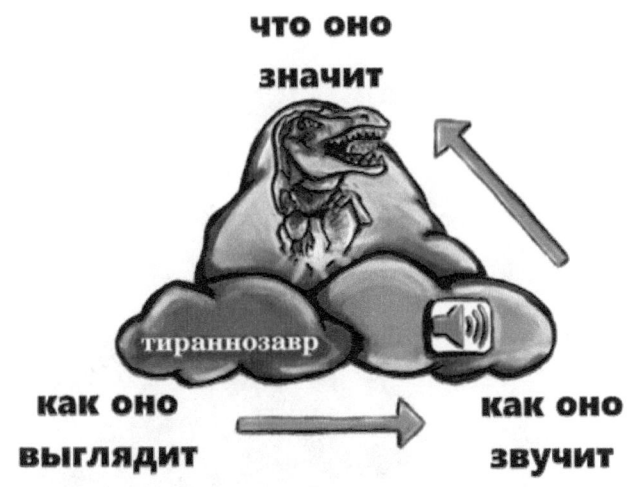

Рис. 2: Когнитивный путь воспринимающего фонетические инструкции читателя

Те же, кто находится на дислектичном конце спектра мышления, будут при чтении задействовать совершенно иной процесс. Они будут формировать прямую когнитивную связь между тем, как выглядит слово, и тем, что оно *значит*. Их мозг использует связь со значением для сохранения слова в таком виде, в каком оно может быть распознано при встрече с ним в следующий раз. Значение слова сохраняется в виде умственного образа. Когда им нужно читать вслух, скорее всего они будут двигаться от слова на листе к умственному образу, обозначающему его значение, и только потом к звучанию слова, как это показано на рисунке 4:

Рис. 3: Типичный когнитивный путь дислектика

Этот процесс происходит настолько быстро, что для внешнего наблюдателя – или даже для самого дислектичного читателя – практически невозможно обнаружить то, что связь между словом на листе и его произношением не прямая. Это становится очевидно лишь тогда, когда смысл слова не может быть «представлен»: это либо заблокирует читателя полностью, либо вынудит его пытаться обойти блок, используя фонетические стратегии, которые для него неестественны. Поэтому дислектики хуже показывают себя при чтении не-слов, абстрактных соединительных слов наподобие *если* и слов, ещё не существующих в его внутреннем словаре, но будет успешно читать слова-образы, вроде *тираннозавр* или *лилии*. Модель проблемы представлена на рисунке 5:

Три части слова

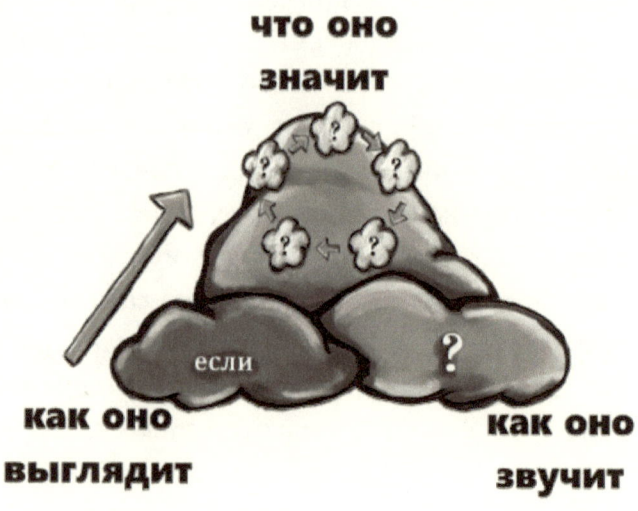

Рис. 4: Блок, который встречает дислектичный читатель, когда смысл слова не вызывает умственного образа

Графическое изображение проблемы показывает нам два возможных решения. Первым будет продолжать исследовать способы, которыми можно натренировать мозг дислектика двигаться напрямую через нижнюю сторону треугольника, от того, как слово выглядит, к тому, как оно звучит. Этот путь выбирают педагоги, считающие, что ребёнку, который не может обучаться по фонетическим инструкциям нужно... больше фонетических инструкций. Однако, как мы уже заметили, хоть этот подход и может привести к некоторым улучшениям у некоторых читателей, существует заметное число людей, с которыми фонетический метод не работает совершенно.

Другой путь, хоть и выглядит настолько же очевидным, крайне редко представлен в стандартных образовательных моделях. Если проблема с соединительными словами заключается в отсутствии у них мысленного образа, то почему бы не найти способ создать его? В конце концов, у этих слов *есть* смысл, даже если их основная задача – просто связывать другие слова. Факт в том, что смысл обычных, маленьких, абстрактных связующих слов может содержать важные уроки для юного ученика.

Рассмотрим смысл вышеупомянутого слова *because* (*потому*). Это закон причинно-следственной связи – фундаментальный принцип ньютоновской физики и нашего понимания как материальной вселенной, так и человеческого взаимодействия. Зачем нам исключать смысл из такого слова, когда мы ему учим? Ради чего мы уходим в сторону больших слонов и маленьких входов, отдавая предпочтение им, а не реальному значению слова?

> Мне передали историю коллеги – методиста Дейвиса по дислексии. Она проходила программу Дейвиса с маленьким мальчиком-дислектиком. Однажды он сильно расстроился, потому что методист отказалась играть с ним в игру, пока ребенок не завершит свою модель.
>
> Плача, он сказал: «но ты сказала, что мы поиграем в игру до обеда!» Моя коллега ответила: «я сказала, что мы поиграем до обеда, *если* ты закончишь свою модель».
>
> В этот момент она осознала, что мальчик просто не понимал значения слова *если*. Поэтому для него это выглядело так, будто она не сдержала перед ним своего слова.

В средней школе и далее предостаточно людей, которые учатся *запоминать*, но не *понимать*: ученики, которые в канун выпускного экзамена по химии осознали, что так и не поняли разницы между электронами, протонами и нейтронами, и еле-еле понимают концепцию атома, не говоря уже о молекуле; взрослые с высшим образованием, считающие, что времена года сменяются потому, что Земля удаляется от Солнца зимой и приближается летом; неимущие, которые тратят «те же» деньги со счета дважды, потому что никогда так и не смогли понять концепта вычитания, оставаясь без денег на аренду жилья.

«Я НЕ ПОНИМАЮ – ОН МОЖЕТ ПРОЧЕСТЬ ТИРАННОЗАВР, НО ЗАСТРЕВАЕТ НА ЕСЛИ!»

Ирония в том, что многие из наиболее уязвимых учеников в нашей образовательной системе обладают наглядно-образным типом мышления, которое превосходно обрабатывает значения, но их яркое воображение так часто остаётся в нашем подходе к обучению, завязанном на фонетическом подходе, незадействованным. Нам срочно необходимо расширить набор наших образовательных методов, чтобы удовлетворить нужды этих учеников. При этом очень высока вероятность, что *все* ученики найдут наглядно-образное представление значения вдохновляющим и стимулирующим. Эта книга изучает вопрос того, как же это может быть достигнуто – как наше образование может стать более запоминающим*ся* и менее запоминаем*ым*.

> «Если ребёнок не выучил чего-то, значит я не смогла его научить; я лишь попыталась. Мне надо изменить то, как я его учу – возможно, мне надо изменить скорость обучения, метод, окружение или ещё какой-то фактор. Я всегда пытаюсь изменить то, что я делаю – я не могу изменить ребёнка, но я могу повлиять на то, как он реагирует.»
>
> Кэролин Смит,
> Специалист по особому образованию в начальной школе и методист Дейвиса по коррекции дислексии

Глава 2: Повторение пройденного: наблюдения учителя средней школы.

Для оценки тяжести и природы проблемы необходимо начать с рассмотрения её эффектов. Главной целью школьного образования является наделение ребёнка всеми необходимыми навыками для дальнейшей взрослой жизни к моменту, когда он покинет эту систему. Для многих молодых людей эта цель полностью выполняется, однако некоторые из выпускников находят полученные в школе знания бесполезными или недостаточно эффективными. Анализ их знаний, навыков и поведения должен дать нам понимание того, каким образом образование в младшей и средней школах может быть улучшено.

В этой главе я поделюсь некоторыми наблюдениями и исследованиями из моей одиннадцатилетней практики учителя средней школы. Мне довелось быть обычным учителем, руководителем департаментов по отдельным предметам, личным репетитором для особых детей и координатором департамента специального образования.

Весь мой опыт был получен в секторе частного образования Великобритании, в окружении с оптимальной системой воспитания, высоким соотношением числа преподавателей к числу учеников и бóльшим по глубине и длительности контактом между учителем и учеником, чем в обычной средней школе. В дополнение к обычным урокам учителя в частных школах-интернатах тесно связаны со своими учениками: они каждый день вместе обедают; они руководят учебными группами в роли академического наставника; они отвечают за всю спортивную и внеучебную деятельность; они следят за поведением своих учеников в их общежитии по вечерам. Все проблемы, приведённые в этой главе, возникли *несмотря* на существование прекрасной инфраструктуры поддержки учеников на всех уровнях. Как мы с вами увидим позднее, их источник находится на гораздо более глубоком уровне.

Однажды я был координатором команды учителей по предмету «Теория знания», который проходят все студенты, получающие диплом Международного бакалавриата. Качество знаний студента оценивается посредством презентации, которую он проводит перед всей учебной группой, и эссе по одной из шести тем на выбор. Как координатор курса, я был обязан следить за тем, чтобы вся группа завершила эссе в срок. Координировать сроки сдачи работ студентами оказалось весьма познавательным занятием, потому что я смог узнать, как студенты учатся организовывать своё время. Обычно около восьмидесяти процентов учеников сдают свои работы в срок, а оставшиеся двадцать их догоняют позднее. В этом нет ничего необычного: большей части людей необходимо периодически напоминать о грядущем сроке, но порой это выходит за рамки.

В частности, один студент – назовём его Джордж – слушал у меня первую половину двухгодичного курса, и всегда поражал меня своим умом и вовлечённостью: его письменные работы, пусть и достаточно короткие, были на высоком уровне, а на семинарах он отличался проницательностью. Но на втором году обучения заставить Джорджа писать эссе и делать презентацию было очень сложно, несмотря на то, что от них зависел его диплом. Его презентацию перед классом пришлось перенести, потому что он остался в назначенный день в общежитии, сославшись на плохое самочувствие. Что ещё хуже - он пропустил срок сдачи черновой версии своего эссе, и его руководителю было невероятно тяжело заставить его все-таки сдать эссе. Джордж уверил руководителя, что оно было написано и уже отослано несколько раз ему по электронной почте, и что он скоро сможет распечатать ему физическую копию, но не может сделать этого прямо сейчас, потому что у него сломался компьютер.

Это продолжалось снова и снова, пока за три дня до срока я не попросил устроить мне с Джорджем незамедлительную встречу. Работники общежития нашли его сидящим в собственной спальне в полной темноте, он был невероятно подавлен и бормотал о том, что так и не получит своего диплома.

Когда я наконец с ним встретился, Джордж сказал мне, что ему никак не дается «Теория знания» и каждый раз, когда он пытался сесть за написание эссе, он упирался в полный подсознательный блок. После того, как он признался в существовании проблемы, я стал задавать открытые вопросы о теме эссе, пока его мыслительный процесс не заработал как положено. Когда он окончательно сложил в уме план эссе, я оставил Джорджа наедине, посещая его каждые два часа, чтобы наблюдать за прогрессом. Джордж приходил в аудиторию каждый день, и всего через три дня, ровно в день окончания срока, он завершил своё эссе, получив в итоге твёрдое «хорошо» по окончании курса.

С рациональной точки зрения, поведение Джорджа выглядит абсурдным. Весьма способный студент поддался искажённому восприятию собственных способностей, говорившему ему, что он ни на что не годен. Вместо того, чтобы обратиться к руководителю за помощью, он скрыл проблему за выдуманными оправданиями, подвергнув тем самым риску всю свою учёбу. Он также откладывал представление своей устной презентации, симулировав болезнь, в результате сделал ее кое-как и сдал в последний момент. Если такое поведение продолжится во взрослой жизни, то это может стоить университетского диплома и даже будущего, навсегда закрепив человека на самых низкооплачиваемых работах, где уровень ответственности будет минимален.

Одна ласточка не делает лета, а единичный случай не является признаком устойчивого поведения. Однако описанная ситуация не является единичным случаем. Уверен, многие преподаватели, читая эту книгу, найдут среди своих студентов схожие примеры. У Джорджа такое поведение дошло до абсурда, а я могу вспомнить великое множество студентов, чьи успехи в учёбе были значительно ниже уровня их способностей, потому что они не могли создать для себя навыки обучения, необходимые для успеха.

Другой вид поведения, который я наблюдал, даже более трагичен. Это ученики, которые подходят к своей работе невероятно добросовестно, и всё же проваливаются на тестах и экзаменах. Несмотря на самую тщательную подготовку, они просто не могут вспомнить необходимую информацию на экзамене. Это заставляет их сомневаться не только в своих способностях, но и в самом принципе работы их мозга. Это понижает их самооценку и повышает уровень стресса на экзаменах, порой доводя её до уровня панических атак.

Во многих случаях у этих учеников имеется умеренная потребность в специальном образовании. Их превосходная рабочая этика до определённого времени позволяет скрыть данную потребность, из-за чего она часто обнаруживается к концу школы. В Великобритании это обычно происходит в десятом классе, когда подготовка к сдаче в следующем году квалификации GCSE (аналог ОГЭ в РФ) сдвигает фокус учебного процесса в сторону постоянного официального тестирования. После обнаружения потребности в специальном образовании, мыслительный профиль ученика наверняка будет включать ограниченную рабочую память. О ней будет подробнее рассказано в седьмой главе; пока что определим её как умственное «рабочее место» человека, в котором может храниться большое количество фрагментов информации из кратковременной памяти, где они могут меняться под воздействием мыслительного процесса и объединяться в нечто новое. Ограничения рабочей памяти часто сопровождаются трудностями с устным счетом. У учеников с ограниченной рабочей памятью будут проблемы и с лекционной подачей материала, когда преподаватель большую часть информации подаёт в устном виде, почти не вступая в интеракции с аудиторией. Сама информация может казаться им интересной, но уже спустя короткое время они не вспомнят ничего из прочитанного им.

В качестве примера этого феномена я могу привести ученицу девятого класса, которая обратилась ко мне для получения индивидуальной помощи по вопросу её экзаменационной тревожности. Назовём её Джейн. Сперва я планировал лишь дать ей расслабляющие техники, чтобы помочь облегчить приступы тревоги. По мере обучения стало ясно, что источником тревоги Джейн является отсутствие у нее уверенности в своей способности запоминать нужную для теста информацию. Общаясь с ней далее, я выяснил, что она использовала в основном *аудиальные* методы запоминания: так, прочитав часть текста, она в уме воспроизводила его по памяти. Джейн была успешна в спорте, и в процессе наших занятий быстро стало очевидно, что наиболее естественным для нее было *визуально-пространственное* и *тактильно-кинестетическое мышление*. Иными словами, она успешнее всего обучалась путём *наблюдения* и *действия*.

Поняв всё это, мы смогли составить список методов освоения учебного материала, которые она быстро сочла весьма эффективными. В широком смысле их можно назвать мультисенсорным обучением, но здесь важно уточнить один момент. Часто мультисенсорное обучение ограничено простым воспроизведением слов в несколько более визуальной форме – используя цветные текстовые делители, переделывая страницу в постер или создавая мысленную карту, состоящую из одних только слов. Однако, как мы уже увидели в первой главе, ученики этого типа крайне нуждаются в *смысле*. Следовательно с Джейн я начал с простой техники чтения, взятой из методик Дейвиса, о которых будет более подробно рассказано во второй части книги. Известная как «*Пунктуация в образах*», она заключается в том, чтобы при чтении останавливаться на знаках препинания (точках, двоеточиях, точках с запятой, некоторых запятых и т.д.) для того, чтобы проверить, возможно ли визуализировать или «почувствовать» смысл прочитанного предложения или абзаца.

Результаты работы с Джейн были поражающими. Её способность к запоминанию информации по предметам, в которых она была сильна и до занятий, сильно возросла. Вместо того, чтобы пытаться усвоить большой объём не имеющих смысла текстовых символов, к концу каждого раздела учебника она составляла в своей памяти стройную галерею мысленных образов. Эти образы были продуктом её собственного воображения, и поэтому легко запоминались. Они крепко связывались со значением прочитанного, и она могла использовать их для того, чтобы вспомнить прочитанную информацию – точно и в мельчайших подробностях. Джейн сочла этот процесс захватывающим.

Но с предметами, в которых она ранее отставала, обнаружился иной принцип. Применив эту технику к первому предложению в учебнике химии, мы обнаружили, что она не может создать его мысленный образ. Предложение было следующим:

ПОВТОРЕНИЕ ПРОЙДЕННОГО: НАБЛЮДЕНИЯ УЧИТЕЛЯ СРЕДНЕЙ ШКОЛЫ

«Атом состоит из элементарных частиц трёх видов: электронов, протонов и нейтронов».

Таким образом техника вскрыла источник проблемы: стало ясно, что у Джейн не было мысленного образа концепций *атома*, *электрона*, *протона* и *нейтрона*. Даже понятие *частицы* не было ей достаточно ясно. Мы воспользовались помощью словаря и Google картинок, после чего она смогла представить эти понятия и, когда мы вернулись к предложению, она смогла визуализировать его смысл. Мы кропотливо прошлись по первой главе учебника тем же образом, тщательно разбирая все встречающиеся там термины: *элемент*, *масса*, *заряд*, *атомная масса*, *атомное число* и *изотоп*; пока у Джейн не сформировалось чёткое представление об основах атомной теории.

Полученный опыт отрезвляет. Множество других химических терминов – ковалентная и ионная связи, молекулы, моли, ионы, электролиз и др. – не будут иметь никакого смысла в глазах ученика, не освоившего основы атомной теории. За годы своего обучения Джейн решила, что успех в учёбе складывается из тяжёлой работы и длительной зубрёжки, в то время как на самом деле ей нужно было *понять* – и долгое время никто из ее окружения не замечал, что её потребность в понимании не была удовлетворена. Это совершенно точно не было единичным случаем; я видел схожую структуру проблемы у множества сверстников Джейн, и особенно (но, конечно же, не исключительно) у учеников с трудностями обучения.

Около года назад я представил презентацию группе учителей специального обучения, в которой особо подчеркнул важность наличия у учеников-дислектиков мысленного образа того, что им преподают. Следуя моему совету, одна из моих коллег решила попробовать более визуальный подход на занятиях с пятнадцатилетней девочкой по теме «Химические кислоты и щелочи». В рамках этого подхода она попросила девочку нарисовать постер, на котором бы показывались все цветовые переходы универсального индикатора в зависимости от рН среды. Ученица ответила ей, что два года назад она выучила, что сильные щелочи окрашивают индикатор в цвет индиго. Когда она начала рисовать эту часть постера, то внезапно осознала, что не знает, как выглядит цвет индиго! В тринадцать лет она запомнила факт. Через два года она его поняла.

Эффективное запоминание может быть обобщено процессом, состоящим из трёх стадий:

Усвоение – Хранение – Извлечение

Чтение по технике *Пунктуации в образах* обеспечило Джейн эффективный процесс *усвоения*. Следующим шагом было создание механизма *хранения*, другими словами, требовалось исследовать эффективный способ конспектирования. Мы оттолкнулись от того, что сделанные записи не должны быть простым переносом текста из учебника, а серией «смысловых сигналов», которые, при просмотре их перед тестом, позволят поднять из памяти мысленные образы, созданные при прочтении учебника.

Джейн решила, что «диаграммы связей» достаточно эффективны для этой цели. Диаграммы связей - это визуально-пространственный способ размещения информации и идей; они могут быть удобны как для планирования оригинального текста, так и для конспектирования и заметок. Джейн рисовала свои диаграммы на бумаге. Ниже пример электронной диаграммы связей пищеварительного процесса:

ПОЧЕМУ *ТИРАННОЗАВР* НО НЕ *ЕСЛИ*?

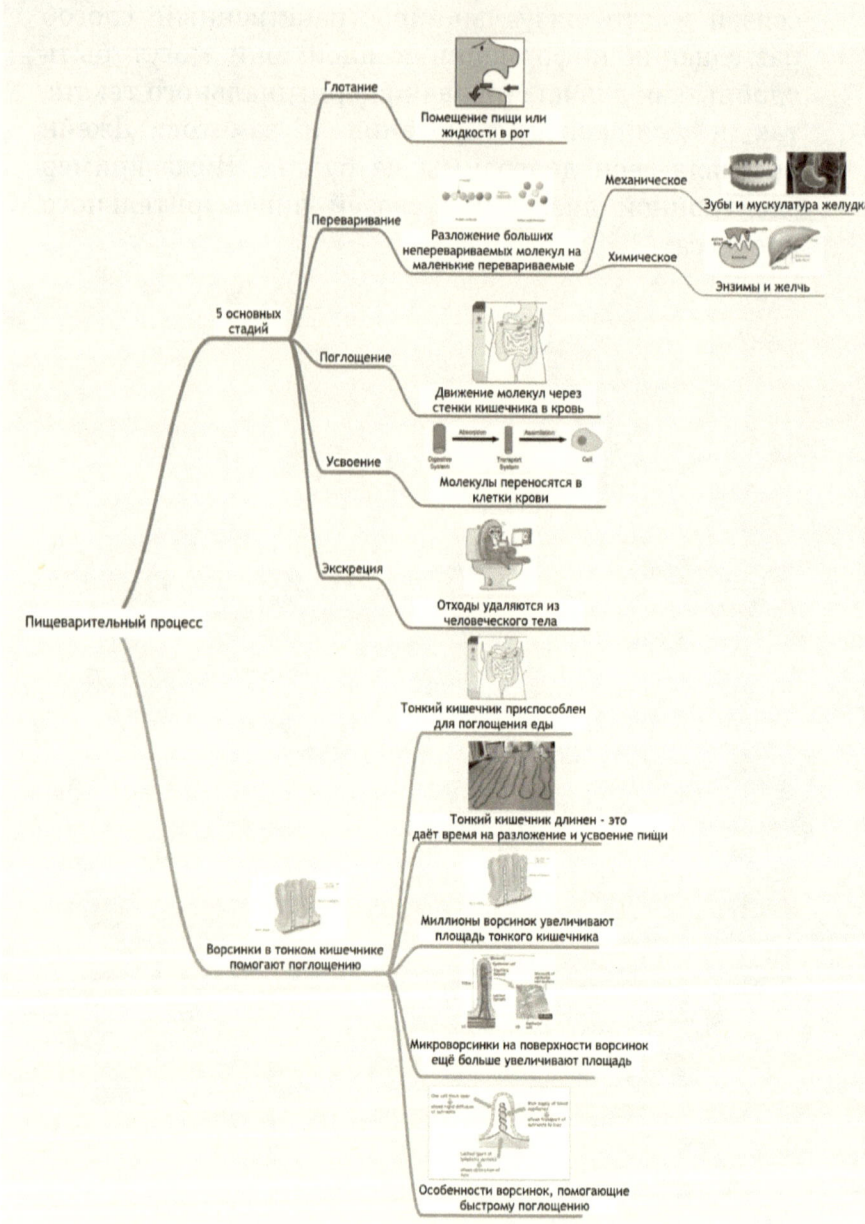

Рис. 5: Пример электронной мысленной карты для запоминания предмета

ПОВТОРЕНИЕ ПРОЙДЕННОГО:
НАБЛЮДЕНИЯ УЧИТЕЛЯ СРЕДНЕЙ ШКОЛЫ

На первой созданной ею диаграмме Джейн выучила интересный урок. С созданием каждого узла на диаграмме я требовал от неё не только описывать, но и зарисовывать *смысл* слова – так, как это сделано на электронной диаграмме на рис. 6. Однако она решила, что это лишь будет тратить её время, и попросила позволить ей оставить два последних узла с одним лишь словесным описанием, без иллюстраций. Я попросил её хорошенько посмотреть на диаграмму, закрыть глаза и попробовать представить её снова. Она мгновенно всё поняла.

Те зоны, чей смысл Джейн зарисовала, мгновенно возникли в её мозгу; более того мысленный образ её зарисовок работал как якорь к словам, благодаря чему она могла пересказать мне их содержание быстро и точно. Те же зоны, которые она оставила лишь с письменным описанием, остались в её мысленном образе слепым пятном - она не могла их вспомнить. С этого момента мне больше не требовалось заставлять её зарисовывать узлы на картах и в заметках.

Итак, как только мы убедились, что механизм *хранения* работает оптимально, её *извлечение* наладилось в той или иной мере само по себе. В качестве особо сложного материала я показал ей, как правильно *усваивать* информацию, используя процедуру Освоения символов Дейвиса®, которая основывается на использовании пластилина. Мы воспользовались ею при изучении электрохимического ряда активности металлов в химии перед тестом. Спустя несколько дней, я получил от Джейн электронное письмо:

> Дорогой мистер Уайтхэд,
>
> Надеюсь, 17:00 всё ещё ок для занятия завтра. Нам раздали наши тесты после проверки, я получила 96% и ОЧЕНЬ рада...
>
> Мои наилучшие пожелания

На нашем следующем занятии Джейн рассказала мне, что никогда не получала на тестах по химии более сорока восьми процентов.

В некотором смысле Джейн, Джордж и многие другие ученики, имевшие схожие проблемы, были отстранены от решения главной задачи, которую должно выполнять школьное образование. Задачей любого образования должно быть *понимание*. Джордж не испытывал никаких трудностей с созданием концепций смысла того, чему его учили, но некоторые важные пробелы в его понимании *себя*, по неким причинам, не были заполнены за более чем тринадцать лет школьного образования. Джейн работала так усердно, что годами никто из её окружения не замечал, что в её понимании ключевых вопросов изучаемого предмета имеются огромные пробелы. Неразрешённые проблемы, как правило, незаметны: Джейн никогда не понимала разницы между запоминанием и пониманием, пока требования образовательной программы не стали настолько высоки, что запоминание начало её подводить.

В феврале 2017 года исследование BBC показало, что двадцати процентам учеников частных средних школ Соединённого Королевства требуется 25 % и более дополнительного времени на сдачу экзаменов[15]. В государственных школах процент таких учеников ниже, но исследование «Ofqual» («Департамент урегулирования квалификаций и экзаменов» в Великобритании) объясняет это «готовностью» частных школ к выявлению особых потребностей учеников, а не их избыточным выявлением. Чтобы претендовать на дополнительное время, учащийся должен быть оценен как значительно ниже среднего по скорости письма, скорости чтения (распознавание или понимание слов) и/или хотя бы по одной из когнитивных сфер. Дополнительно ученик должен иметь некую историю трудностей – говоря простым языком, он должен продемонстрировать серьёзные проблемы на проверочных работах при условии прохождения его в стандартные временные рамки.

Если интерпретация департамента верна и одна пятая наших подростков неспособна показать все свои способности за стандартное время проведения экзамена, то каковы же могут быть последствия этого в их рабочем процессе и во взрослой жизни в целом? Как мы должны к этому относиться? Должны ли мы принять эти цифры как неизбежное следствие человеческого разнообразия, или следует пересмотреть наши взгляды на функциональность существующей системы образования?

Из всего вышесказанного вытекают два вопроса. Учитывая множество учеников, таких как Джейн, должны ли мы изменить наши способы обучения детей так, чтобы понимание было включено прочно во *всё* наше обучение, и стало невозможно повторить её ошибку и упустить различие между запоминанием

---

[15] (British Broadcasting Corporation, 2017)

и пониманием? И для учеников, таких как Джордж, могут ли эти изменения повлечь более глубокое понимание окружающего мира, а оно, в свою очередь – более глубокое понимание самих себя?

Два этих вопроса будут стоять во главе угла следующих частей этой книги. Однако, в первую очередь нам необходимо изучить несколько фундаментальных принципов самого мыслительного процесса.

Глава 3: Слова и картины: вербальное и трансвербальное мышление.

«...развитие речи и развитие сознания... идут рука об руку» – Фридрих Ницше, *«Весёлая наука»*.

«Позаботьтесь о смысле, а звуки сами о себе позаботятся» – Льюис Кэрролл, *«Алиса в Стране Чудес»* (сказано Герцогиней)

В основе современных методов преподавания чтения лежит убеждение в том, что чтению можно успешно учить лишь с помощью фонетики. Фонетический подход основывается на корреляциях между письменными символами и устными звуками. Чтобы фонетически расшифровать слово, вам необходимо обладать «внутренним голосом»: вы должны уметь мыслить звучанием слов, не произнося их вслух. Из этого следует, что многие педагоги

СЛОВА И КАРТИНЫ: ВЕРБАЛЬНОЕ И ТРАНСВЕРБАЛЬНОЕ МЫШЛЕНИЕ

сегодня считают, что ребёнок *должен* мыслить с помощью внутреннего голоса чтобы научиться читать.

Мышление с помощью внутреннего голоса, известное как вербальное мышление, весьма распространено. Так мыслю я, и, после общения со множеством методистов, семинаристов и слушателей моих лекций, я могу с уверенностью сказать, что так мыслит большинство взрослых. Этот режим мышления можно заметить, например, когда вы репетируете в уме грядущий трудный разговор со своим руководителем или родственником, или когда вы подбираете нужные слова при написании письма.

Приведённая выше цитата Ницше иллюстрирует мнение, преобладающее в некоторых философских кругах, о том, что всё сознательное мышление вербально. Может показаться, что ведущие мыслители от лингвистики придерживаются того же мнения. Фердинанд де Соссюр был одним из наиболее влиятельных мыслителей от семиотики. Семиотика - подраздел лингвистики, который изучает знаки, символы (включая слова и язык в целом) и то, как люди их используют.

Согласно Соссюру: «В психологическом отношении наше мышление, если отвлечься от выражения его словами, представляет собою аморфную, не-расчленённую массу. Философы и лингвисты всегда сходились в том, что без помощи знаков мы не могли бы с достаточной ясностью и постоянством отличать одно понятие от другого. Взятое само по себе мышление похоже на туманность, где ничто четко не разграничено. Предустановленных понятий нет, равным образом как нет никаких различий до появления языка.» [16]

Рассматривая эту цитату, легко можно прийти к ложному выводу, что Соссюр отождествляет интеллект и способность мыслить звучанием слов. Однако это будет выводом ложным и несправедливым по отношению к тем дислектикам, которые часто получают низкие отметки по тестам на фонологическую осведомлённость – оценка, по сути, способности человека мыслить звучанием слов. Согласно статье сэра Джима Роуза, упомянутой в главе 1 этой книги, «характерными признаками дислексии являются сложности в фонологической осведомлённости, вербальной памяти и скорости обработки устно переданных данных»[17]. Было бы абсурдным на основании прочтения общих умозаключений Роуза и Соссюра сделать вывод, что мысли предпринимателя Ричарда Брэнсона, изобретателя Томаса Эдисона, архитектора Ричарда Роджерса и прочих очевидно талантливых дислексиков - «бесформенная и расплывчатая масса».

На самом деле Соссюр использует термины *знаки*, *слова* и *язык* для описания взаимодействия *между* мыслью и звуком – своеобразной регистрационной

---

[16] (de Saussure, [1916] 1959), pp. 111 – 112
[17] (Rose, 2009)

СЛОВА И КАРТИНЫ:
ВЕРБАЛЬНОЕ И ТРАНСВЕРБАЛЬНОЕ МЫШЛЕНИЕ

системы, включающей в себя звук и смысл слова, которую мы развиваем для разделения и категоризации физической и умственной вселенных на отличные единицы. Мы можем проиллюстрировать взгляд Соссюра, сказав, что слово *тираннозавр* человек будет одновременно воспринимать и как звучание слова, и как мысленный образ, ассоциирующийся со значением слова. Впрочем, возможно, Соссюр пошёл бы дальше и заявил, что только через создание слова *тираннозавр* мы можем воспринять и категоризировать разницу между тираннозавром, диплодоком и велоцираптором.

Даже следуя этой, более глубокой интерпретации взгляда Соссюра, основное предположение остаётся неизменным: все разумные и организованные мысли зависимы от языка. Однако это предположение ставится под вопрос нашим повседневным опытом:

1. Находясь на официальном приёме, вы внезапно вспоминаете, что забыли выключить утюг;
2. Вы спотыкаетесь, спускаясь по лестнице, и хватаетесь за перила;
3. Встречаясь с кем-то, вы точно помните, что уже знакомы, но не можете вспомнить его имя;
4. Вы собираете шкаф и обнаруживаете маленькую безымянную деталь на дне коробки. Вы внезапно осознаёте, где эту деталь нужно было установить;

5. Вы просите члена семьи передать вам предмет, но не можете вспомнить его название и поэтому говорите: «передай мне вон ту штуку».

Будет глупо утверждать, что хоть какой-то из приведённых выше *разумных* мыслительных процессов имел хоть что-то общее с *языком*. Да, дела у человечества обстояли бы довольно прискорбно, если бы наш мыслительный процесс происходил *из* языка. Здравый смысл говорит нам, что всё обстоит иначе. Как бы тогда пополнялся наш словарь? Сленговое слово *фрейп (frape)* определяется словарем как «акт использования чужого Facebook-аккаунта для размещения на нём уничижительных постов»[18]. Таким образом получается, что первый акт фрейпа был совершён тогда, когда слова *фрейп* ещё не существовало. Сперва должны были появиться идея или опыт фрейпа, после чего жертвы фрейпа, фрейперы и сторонние наблюдатели за актом фрейпа пришли к единому словесному символу для обсуждения этого акта. Как мы вообще пришли к идее, что символьный код, используемый для общения между людьми, является эпицентром упорядоченного мышления? Разве красноречие тождественно уму? Разве самые болтливые люди являются самыми умными? Мыслят ли футбольные чирлидерши флагами?

---

[18] yourdictionary.com

СЛОВА И КАРТИНЫ: ВЕРБАЛЬНОЕ И ТРАНСВЕРБАЛЬНОЕ МЫШЛЕНИЕ

Джон Мейджор, премьер-министр Великобритании с 1990 по 1997 год, однажды неосознанно оставил нам подсказку к тому, чем на самом деле является человеческий интеллект, когда общался с прессой перед своей резиденцией на Даунинг стрит после поражения его партии на местных выборах в 1995 году. Его спросили, собирается ли он уйти в отставку и он ответил так:[19]

«Этого у меня и в мыслях нет. Я никогда не убегал от трудностей и не собираюсь убегать сейчас. А для тех людей, которые могли решить – а некоторые уже и решили – что Консервативная партия прижата спиной к стенке, я скажу одно: мы будем делать то же, что британская нация делала всю свою историю тогда, когда её прижимали к стенке – развернёмся и будем драться за идеалы, в которые верим. Это то, что буду делать я».

Читатели-аудиалы могут не понять шутки. Комичный мысленный образ лидера Консервативной партии в донкихотской битве со стеной является именно образом. Мы понимаем шутку лишь тогда, когда наша мысль выходит из реальности слов, знаков и языка и конвертирует текст во внутренний образ. Нашего фонетического, лексического и синтаксического языка недостаточно: для понимания сказанного нам нужно воображение.

---

[19] (Associated Press, 1995)

Хотя в ближайшее время мы с вами убедимся, что воображение представляет из себя намного большее, пока для краткости его можно определить, как «образное мышление». Профессор Стивен Пинкер, известный современный автор книг по психологии и языку, упоминает интригующий эксперимент, проведённый им вместе с его коллегами-психологами Финке и Мартой Фара на неопределённом количестве испытуемых:

«Представьте букву *D*. Поверните её на 90 градусов по часовой стрелке. Поместите над ней цифру 4. Уберите правую часть горизонтальной линии в цифре 4;

Представьте букву *B*. Поверните её на 90 градусов против часовой стрелки. Поместите под неё треугольник такой же ширины, вершиной вниз. Уберите горизонтальную линию;

Представьте букву *K*. Поместите квадрат слева от неё. Поместите в квадрат круг. Поверните получившуюся фигуру на 90 градусов против часовой стрелки.

Большинству испытуемых не составило труда дать верные ответы (лодка, сердце, телевизор), которые не были сформулированы в явном виде.»[20]

---

[20] (Pinker, 1999), p. 293

СЛОВА И КАРТИНЫ: ВЕРБАЛЬНОЕ И ТРАНСВЕРБАЛЬНОЕ МЫШЛЕНИЕ

Хоть инструкции и были даны посредством языка, вербальное мышление бесполезно в поиске ответов. Это интригующий эксперимент в первую очередь потому, что он подтверждает то, что многие величайшие мыслители мира давно уже знают: созданный в нашем сознании мысленный образ может быть использован для решения проблемы даже в полной изоляции от вербальных процессов. Это подтверждают многочисленные свидетельства использования мысленных образов учёными-первооткрывателями: Кекуле рассказывал, как его теория структуры органических соединений возникла в момент «озарения», когда он задремал в повозке извозчика и вдруг увидел, как атомы «заплясали перед моими глазами»; Фарадей увидел напряжения, окружающие магниты и электрические токи, как кривые линии в пустоте; также есть знаменитая цитата Эйнштейна: «...Слова, написанные или произнесенные, не играют, видимо, ни малейшей роли в механизме моего мышления. Психическими элементами мышления являются некоторые, более или менее ясные, знаки или образы...»[21]

Конечно, предположение того, что весь наш интеллект сводится к играм с картинками на воображаемом экране – этакой внутренней собственноручно созданной видеоигре – будет излишним упрощением глубины и сложности человеческой мысли. Тот же Пинкер, несмотря на

---

[21] (Koestler, 1964), pp. 169 - 170

признание за мысленными образами центральной и мощной роли в нашем интеллекте, делает замечание:

«...Как может конкретный образ представлять абстрактный концепт, такой как «свобода»? Статуя Свободы уже занята; скорее всего она представляет концепт «Статуи Свободы». Что мы можем использовать для негативистских концептов, таких как «не жираф»? Изображение перечёркнутого красной чертой жирафа? Но что тогда будет изображать концепт «перечёркнутый красной чертой жираф»? Что делать с дизъюнктивными [совокупными] концептами, такими как «либо кошка, либо птица», или с суждениями рода «все люди смертны»?

Образы двусмысленны, но мысли по определению своему такими быть не могут. Ваш здравый смысл различает то, что не могут образы; значит ваш здравый смысл не может являться просто коллекцией таких образов»[22]

Каким-то образом человеческий разум способен комбинировать мысленные образы, опыт и, возможно, капельку эмоций для создания паутины интеллекта, которая может мгновенно помещать получаемый нами опыт в правильный контекст, создавать логические предположения и интуитивные суждения, а также придавать нам такую неуловимую черту, что мы зовём «здравым смыслом». Самые

---

[22] (Pinker, 1999), p. 297

СЛОВА И КАРТИНЫ:
ВЕРБАЛЬНОЕ И ТРАНСВЕРБАЛЬНОЕ МЫШЛЕНИЕ

таинственные элементы этого процесса находятся за пределами взгляда этой книги. Для нас, педагогов, наиболее важен факт существования серьёзных оснований для того, чтобы предположить, что наше воображение – имея в виду не только мысленные образы, но и все наши чувства – играет центральную роль в нашем мыслительном процессе. И напротив, заявления о том, что некая форма внутренне «проговариваемых» словесных символов играет столь же важную роль, в лучшем случае безосновательны.

Теория использования нашим разумом визуализации для улучшения понимания поддерживается солидным списком исследований.[23] В предыдущей главе мы видели, как процедура Дейвиса, *Пунктуация в образах* (подробно описанная в Части II этой книги), может существенно упростить запоминание текста по сравнению с чисто фоническими методами чтения. Я работал с учениками, которые, используя эту технику, могли по памяти воспроизвести содержимое целой страницы спустя две, а порой и три недели после первого прочтения, ни разу на протяжении всего времени не перечитывая её. В предыдущей главе мы видели, как Джейн с помощью визуализации сохранила в памяти иллюстрированную диаграмму связей гораздо лучше, чем записи, состоящие из одних только слов. Я наблюдал схожий эффект у множества своих учеников. В конечном счёте, является ли мысленный

---

[23] (Davis Dyslexia Association International, 2012)

образ альфой и омегой нашего мыслительного процесса – вопрос более важный для психологов, чем для педагогов. Понимание того, что образы для нашего мысленного процесса гораздо важнее слов, даже если мы и замечаем работу слов в нашем мышлении чаще, чем работу образов, несёт значительные последствия для нашего представления об образовании в целом.

Как мы могли убедиться в главе 1, графемно-фонемное соответствие, которое являеятся основой фонетического обучения чтению, лишь предполагает понимание, а не изучает его. Присутствие или отсутствие мысленного образа - смысла распространённых соединительных слов, таких как *или, пока, потому* и т.д. никого не интересует, несмотря на важность этих слов для детского обучения и большое количество ошибок в них у дислексиков. В математике мы слишком рано переходим от манипуляций с количеством реальных предметов к миру символов, лишая некоторых учеников полноценного понимания процессов *вычитания, умножения* и/или *деления*, закладывая у них проблемы, которые будут преследовать их всю жизнь. Когда дети станут старше, мы обращаемся к ним, используя слова *ответственность, справедливость, последствия* и *мораль*, даже не задумываясь о том, понимают ли они эти концепции и насколько образ этих слов у детей соответствует нашему.

СЛОВА И КАРТИНЫ:
ВЕРБАЛЬНОЕ И ТРАНСВЕРБАЛЬНОЕ МЫШЛЕНИЕ

Словари являются необходимым средством для объяснения смысла слов, но у них есть свои пределы. Оксфордский словарь английского языка[24] определяет *преданность* как «качество кого-либо преданного чему-либо». *Преданный* же им определяется как «оказывающий решительную и постоянную поддержку или выражающий свою верность человеку или институту». Поиск определения *верности* замыкает порочный круг, определяя её как «преданность или приверженность вышестоящему, группе или цели». Вы понимаете, о чём я?

Словари определяют слова, используя другие слова. Определить символы с помощью символов можно лишь тогда, когда хотя бы один из символов предоставляет нам выход из этого логического круга, связываясь с мысленным образом, предоставленным нашим личным опытом. Выход из мира символов в мир образов по-своему уникален для каждого читателя, отмечая точку, в которой смысл извлекается из общего языка в личную галерею мысленных образов человека.

Когда определяемое словарем слово является конкретным понятием, таким как *доска* или *ходьба*, индивидуальность восприятия его смысла не играет значимой роли. Но как насчёт абстрактных слов, таких как *преданность*? Вспоминая Вторую Мировую войну,

---

[24] (Oxford University Press)

Уинстон Черчилль[25] пишет, что так называемая система *Кникебейн*, использованная немцами осенью 1940 года для наведения бомбардировщиков на крупные британские города с помощью комбинации радиолучей, была перехвачена, изучена и искажена службой радиоперехвата британского правительства. Черчилль заявляет, что несмотря на то, что немецкие пилоты очень скоро узнали об искажениях в системе, никому не хватило духа сообщить об этом Герингу, главе *Люфтваффе*, фанатично верившему в систему *Кникебейн*. Согласно Черчиллю, «немецкие ВВС получили особые предупреждения, заявлявшие, что радиолуч безошибочен, а любой, кто попробует в этом усомниться, будет вышвырнут вон». В таких обстоятельствах как должна была проявляться *преданность* пилота Люфтваффе? Должен был он поддержать Геринга или сообщить ему правду? Если бы кто-то из пилотов всё же решился сообщить правду, мог бы словарь спасти пилота от увольнения, а может и чего-то более страшного?

В относительно недавних событиях европейской истории можно найти и гораздо более зловещие примеры смысловых искажений: восхваление Гиммлером лидеров СС в его Позенской речи в 1943 году, на которой он восхвалял их за геноцид сотен тысяч евреев[26]; недавний «угон» запрещённым Исламским Государством концепции *принадлежности* для использования западных

---

[25] (Churchill, 1949), p. 343
[26] (Gavin, 2015)

подростков в своих жестоких целях[27] – вот лишь пара из них. Для нас, педагогов, урок должен быть очевиден: как нам защитить молодёжь от преднамеренных искажений основных концепций человечности, которые в конечном счёте ведут к их собственному физическому и/или моральному уничтожению, не говоря уже о страданиях и разрушениях, которые они навлекут на других? Как мы можем быть уверены, что доверенные нам молодые люди знакомы с этими концепциями не понаслышке, а *прочувствовали* собственным пониманием их смысл?

Рассмотрение обозначенных вопросов находится за пределами взгляда данной книги. Тем не менее подход к обучению грамотности, использующий обучение на собственном восприятии в первую, а не последнюю очередь, создаёт у ученика более точный подход к изучению смысла слов. Это может быть полезным дополнением к более общему подходу в создании критического мышления. Примеры достижения этого будут приведены в части II.

---

[27] (Winter, 2015)

Глава 4: Звучать или не звучать? Вот в чём «начальный» вопрос...

В главе 1 мы рассмотрели три части, присущие каждому слову: как оно выглядит, как оно звучит и что оно значит. Основанные на фонетике инструкции обучения грамотности были исследованы как подход, выстраивающий связь между видом и звучанием слова, предполагая, что носитель языка уже понимает его смысл и не рассматривая возможности обратного. Мы убедились, что для большинства учеников это действенный подход, но дети, не воспринимающие фонетические инструкции, в том числе дети с дислексией, склонны совершать неожиданно большое количество ошибок на маленьких, абстрактных словах, таких как *если*, *и*, *но*, *потом* и т.д. Мы обсудили подсказку к значению смысла слова и убедились в центральной роли его значения в том, как ребёнок обрабатывает и усваивает прочитанные слова.

Настало время исследовать более глобальные последствия решения считать чтение процессом расшифровывания письменных символов в звуки, а не извлечением из них смысла. Сью Лайл, старший лектор в Swansea Metropolitan University (Городской университет Суонси, Уэльс), и директор компании Dialogue Exchange Ltd., последовательно критикует это решение:

«Я весьма неплохо могу читать на валлийском языке с очень жёстким соответствием звуков и букв. Проблема в том, что я совершенно его не понимаю. Я учила множество мусульманских детей, умевших расшифровывать Коран, но не понимавших смысл прочитанного. Между расшифровкой и чтением гигантская пропасть»[28]

Сторонники фонетического обучения могут проявлять просто религиозное упорство, доказывая, что успешно обучать чтению можно только фонетическими методами. Участник сетевого форума координаторов специального образования, созданного Департаментом образования Соединённого Королевства, описывал это так: [29]

«...меня поражает абсурдность идеи обучения чтению без обучения фонетике, ведь вся система чтения основана на буквах и группах букв, обозначающих звуки. Это так же безумно, как

---

[28] (Lyle, 2014)
[29] (Kelly, 2015)

обучение математике без объяснения значения цифр!»

«…сложности… некоторых детей при обучении фонетике не являются поводом не учить их, это так же безумно, как начать учить детей кататься на велосипеде задом наперёд потому, что некоторым детям сложно научиться удерживать на нём равновесие… НЕВОЗМОЖНО научить кататься на велосипеде задом наперёд!»

Рвение, с которым делаются подобные высказывания, можно понять. Накал эмоций вокруг этого вопроса проистекает из того, что Джеймс Ким называет «Войны чтения»: порой весьма ожесточённый конфликт между приверженцами фонетического расшифровывания и сторонниками методов «целого слова», основанными на извлечении из слова его смысла.[30] Ким находит корни этой вражды ещё в середине девятнадцатого столетия, когда секретарь Управления образования Массачусетса Хорас Манн презрительно назвал буквы алфавита «бескровными, призрачными явлениями» и заявил, что дети должны в первую очередь учиться читать слова целиком. На протяжении двадцатого века учителя-фоники по обе стороны Атлантики беспомощно смотрели на то, как оспаривался метод расшифровывания, по которому они успешно обучили бесчисленное множество детей. Сперва репетативным подходом «смотри и говори», требовавшим от детей

---

[30] (Kim, 2008)

запоминания с помощью зрительной памяти большого количества целых слов, а после – психолингвистической теорией «целого языка», делавшей упор на контекстуальном угадывании вместо точного распознавания слова. Но когда свидетельства научных исследований, собранные местными органами народного образования Великобритании во второй половине восьмидесятых и сопоставленные Мартином Тёрнером в его эссе «Sponsored Reading Failure» (Поощрение неспособности к чтению за государственный счет)[31], дали основания предположить, что подходы «целого слова» могли быть ответственны за тревожную тенденцию падения навыков чтения, политический маятник качнулся обратно к фонике. В данный момент, согласно указу Коалиционного правительства Великобритании от 2012 года, все учителя начальной школы и все учителя-стажёры должны уметь обучать по методике синтетической фоники (обучение звукам).

Желая защитить будущие поколения от ошибок прошлого, вина за которые была приписана «смешанным методам», некоторые влиятельные педагоги постарались надёжно закрепить политический маятник на стороне фонетического подхода. Они защищают синтетическую фонику как единственно возможный подход к чтению с неким фанатизмом. Сайт dyslexics.org.uk, с капелькой

---

[31] (Turner, 1994)

ханжества описываемый его автором и владельцем Сьюзен Годсланд как «серьёзный, независимый и свободный от глупостей веб-сайт», с главной страницы заявляет, что «синтетическая фоника является образовательной прививкой, защищающей детей от безграмотности.»[32] На другой странице Годсланд с яростью маоиста атакует все университетские отделы педагогического образования, обвиняя их в предоставлении будущим учителям «подрывного подтекста и ложного понимания равновесия», пытаясь таким образом доказать свою теорию о ведущейся против синтетической фоники подрывной деятельности. Войны чтения далеки от конца: недостаток доверия, конструктивного диалога и, прежде всего, профессионального уважения в среде экспертов по теории грамотности, разделённых на разные «лагеря», тем более трагичен, если вспомнить, что сражаются на этой войне люди, которым мы доверяем развитие непредубеждённости, аналитического мышления и тяги к знаниям в наших детях. Самые экстремальные действия, предпринимаемые на полях этой бессмысленной битвы, могут заставить задуматься о пользе домашнего обучения.

Плюрализм в любой войне погибает первым. В пожарище войны становится очень сложно высказывать цивилизованное, взвешенное мнение, будучи зажатым промеж двух огней, не признающих

---

[32] (Godsland)

нейтралитета. Войны чтения здесь не исключение: они поляризовали и оболванили дебаты вокруг методик чтения до такой степени, что человек, выказывающий хотя бы толику сомнения в призыве «звуковой метод для всех» тут же записывается в приверженца подхода «целого слова»; справедливо и обратное. Иные стратегии обучения чтению, какую бы положительную статистику они не имели, какое бы научное обоснование и интеграцию элементов обоих подходов не предлагали, оказываются вытеснены со всех площадок для дебатов.

Для примера возьмите морфологический подход. Фонема является минимальной единицей языка – такие как *к'*, *'и* и *т* в слове *кит*. Морфема является минимальной единицей смысл в языке – такие как *о-*, *-добр-*, *-енн-* или *-ый* в слове *одобренный*. Всё большее число академиков соглашается с тем, что морфологическое обучение предоставляет юным читателям аналитические инструменты, укрепляющие их навыки фонетики и понимания. Канадские исследователи Кирби и Бауэрс приводят несколько способов, с помощью которых учителя могут интегрировать морфологические инструкции в их методы обучения, и сообщают, что дети обычно находят новый подход захватывающим:

- *Подход словесного детектива:* после изучения морфологического элемента, предложите ученикам найти его примеры в рабочем материале.

- *Внедрение словесных сумм и матриц:* дайте ученикам слова, объединённые общим корнем (например, *ездок, поезд, ездить*). Пусть ученики попробуют выделить этот корень и проверят свою гипотезу, используя словесные суммы (например, по + езд, езд + ок, езд + ить), а потом создадут словесную матрицу вокруг этого корня.
- *Сбор базы данных о морфемах:* создайте в классе список морфем и каждый раз, когда вы встретитесь с новой морфемой, добавляйте её туда.
- *Использование описательных текстов по другим предметам:* например, на уроке физики, посвящённом законам Ньютона, обратите внимание учеников на «действие» в различных его проявлениях. Используйте словесную сумму, чтобы определить связь между написанием и смыслом этих слов и их корня *-действ-* (равно + действ + ующ + ая = равнодействующая; действ + ие = действие).
- *Использование «умной» доски вместе с учениками:* это отличный инструмент для визуального выделения смысловых морфем и/или поиска общих корней.
- *Создание учениками набора цветных морфемных карточек:* ученики могут использовать один цвет для приставки, второй для суффикса и третий для окончания. По мере изучения новых

слов ученики создают новые белые карточки, чтобы использовать их вместе с цветными.[33]

Школа Мейпл Хейс для дислексиков и Исследовательский центр Стаффордшира используют интегрированный морфологический подход к обучению грамотности. Подход школы Мейпл Хейс детально объясняется её основателем, Невиллом Брауном, в его книге «Смысл, морфемы и грамотность»[34]. В отчёте о школе доктора Брауна за 2011 год британской образовательной инспекции Ofsted говорится:

«Учебный план невероятен. Школа выработала уникальный, визуальный подход к обучению навыкам грамотности как альтернативу фоническому подходу, который ученики не смогли эффективно использовать. Система школы раскладывает слова на смысловые элементы, выделяемые графически. Это помогает ученикам понимать и читать слова. Формирование хорошего почерка также делает упор на навыках чтения и понимания. Этим специфическим навыкам обучают очень систематично. Их тренируют на отдельных уроках и на занятиях в компьютерных классах, тестируют каждую неделю вместе с навыками правописания, и закрепляют на протяжении всей учебной программы. Подавляющее большинство учеников, их родителей и опекунов очень довольны таким подходом, а ученики говорят,

---

[33] (Kirby & Bowers, 2012)
[34] (Brown, 2009)

что будут использовать его далее. При анкетировании большое число респондентов ответили, что Мейпл Хейс изменила жизнь и перспективы своих учеников»[35]

Несмотря на огромное количество независимо высказываемых почестей, школа Мейпл Хейз и её подход не упоминаются ни на одной странице сайта Британской ассоциации дислексии. Сайт Сьюзен Годсланд dyslexics.org.uk упоминает её, не давая никаких объяснений, на странице с названием «Комната 101: глупости, мошенничество и безумие в «дислексии» и обучении чтению».

Британская ассоциация дислексии недвусмысленна в размещении фонических инструкций в середине всего обучения грамотности для специалистов по дислексии. «Обучение грамотности специалиста», они не совсем грамотно утверждают - «это 1. Фонетично. 2. Структурированно. 3. Накопительно. 4. Мультисенсорно. 5. Исключение или включение? 6. Алфавит...».[36] Международная ассоциация дислексии схожим образом несдержанна в настойчивом продвижении фонической коррекции дислексии. Подход *Структурированной грамотности* представляет собой смесь элементов фонологии, морфологии, синтакса и семантики, но критикует другие подходы, такие как Управляемое чтение и Сбалансированная грамотность, как «особо

---

[35] (Charlesworth, 2011)
[36] (British Dyslexia Association, 2015)

неэффективные для студентов с дислексией, потому что они не фокусируются на навыках расшифровывания, которые необходимы ученикам, чтобы преуспеть в чтении».[37]

Несмотря на столь решительное продвижение «фонетики в каждый дом» ключевыми ассоциациями дислексии по обе стороны Атлантики, фонетические подходы проблемны для многих учеников с потребностью в специальном образовании, особенно когда применяются в изоляции. Фонетика *действительно* работает хорошо с большинством юных читателей, и она заслуженно играет главную роль в типичных инструкциях по обучению чтению. Однако любой разумно дифференцированный подход к обучению грамотности должен учитывать потребности следующих малых групп учеников:

1. Ученики с низкой фонологической осведомлённостью. Простыми словами фонологическая осведомлённость – это способность мысленно различать и манипулировать звуками речи (фонемами). Поскольку графемно-фонемное соответствие является отправной точкой фонетического обучения, ученики с низкой фонологической осведомлённостью будут, по определению, испытывать проблемы при обучении чтению: им не хватает когнитивного аппарата, позволяющего другим переместиться между

---

[37] (International Dyslexia Association, 2015)

нижними элементами треугольника «трёх частей слова» с достаточной лёгкостью и точностью.

Три части слова

Рис. 6: *проблема с фонетикой у читателей с низкой фонематической осведомлённостью*

2. Ученики с дислексией. Это люди, сталкивающиеся с одной из следующих проблем:

- Размытые буква и слова, выпадающие из фокуса;
- Движущиеся, кажущиеся зеркальными или трясущиеся буквы;
- Головные боли от чтения;
- Слова и буквы двоятся или разделяются;
- Сложности с перемещением взгляда по странице;

- Дискомфорт от бликов на странице или сверхчувствительность к яркому свету.³⁸

Фонетические инструкции не помогут этим ученикам, пока их восприятие искажает текст. Фонетика - это стратегия расшифровывания, а не угадывания. Если слово и его компоненты невозможно распознать, несчастный ученик будет расшифровывать искажённый мысленный образ слова и обречён на неудачу.

Три части слова

Рис. 7: проблема с фонетикой у читателей со зрительной дислексией

---

³⁸ (British Dyslexia Association, 2015)

3. Ученики с проблемой дефицита внимания. Я встречался с несколькими учениками, отлично сдававшими тесты на фонологическую осведомлённость и *успешно* отвечавшими на фонетические инструкции. Из-за упора на графемно-фонемное соответствие, фонетическое обучение создаёт читателей, постоянно произносящих внутренний монолог. Соединяя это с мощным, живым воображением вы получаете читателя, ставшего заложником собственного фонологического успеха. После обучения успешному перемещению от левого нижнего к правому нижнему углу треугольника «трёх частей слова», мозг читателя отказывается выполнять обязательную дальнейшую работу по уделению внимания смыслу прочитанного слова, потому что он не был этому обучен. Таким читателям приходится часто перечитывать один и тот же абзац многократно, чтобы понять его смысл:

Три части слова

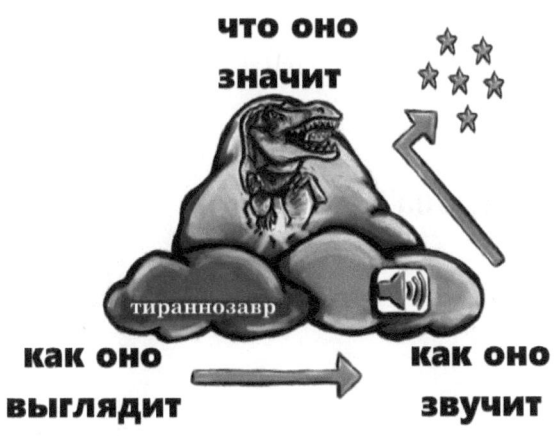

Рис. 8: проблема с фоникой у учеников с расстройством внимания

Могут ли закончиться войны чтения перемирием? Возможно ли найти объединяющий принцип среди такого потока конфликтующих мнений, бесспорную предпосылку для обучения чтению, с которой согласятся методологи-фонетики, приверженцы метода «целого слова» и все прочие? И сможет ли такой принцип предоставить общее концептуальное основание для обучения чтению, на котором мы сможем создать карту грамотности, позволяющую подобрать подходящую стратегию для каждого ученика?

Об этом в следующей главе.

Глава 5: Что такое чтение

Предыдущую главу мы закончили вопросом: может ли существовать принцип, *более фундаментальный* для получения навыков чтения, чем графемно-фонемное соответствие с одной стороны или теория целого слова с другой?

Такой принцип существует:

Слово на письме является последовательностью букв. Оно может быть произнесено и несёт определённый смысл.

Он является объединяющим принципом потому, что это самое простое, универсальное, бесспорное и неидеологическое утверждение, которое мы можем сделать о природе слов. Несмотря на то, что мы не берём его из словаря, оно имеет признаки словарного определения.

ЧТО ТАКОЕ ЧТЕНИЕ

Самое главное – оно освобождает графемно-фонемное соответствие от бремени объединяющего принципа. Преподаватели фонетики ранее были вынуждены выполнять эту роль, потому что альтернативе – распознаванию целого слова – не доставало точности из-за игнорирования фундаментальных элементов читательских навыков. Однако описанные нами в предыдущей главе три типа проблем при чтении показали, что фонетические принципы также не способны выполнять эту роль. Этим ученикам всё ещё нужно что-то фундаментальное, но либо альтернативное фонетике, либо позволяющее воспринимать фонетику более эффективно.

Этим «что-то» оказывается визуальное распознавание последовательности букв в слове. Как было объяснено в главе 4, расшифровке предшествует распознавание; ведь второе возможно без первого, но первое полностью зависит от второго. Человек с визуальной дислексией, видящий слово «ток» как «кот», никогда не сможет расшифровать его, вне зависимости от того, как хорошо он этому обучен.

Визуально-последовательное распознавание букв не тождественно распознаванию целого слова. Оно основывается на точном анализе компонентов; оно даже точнее, чем графемно-фонемное соответствие. Буквы – не звуки. Они обозначают определённые звуки в определённом контексте, но у них есть собственная идентичность, представленная их названием. Буква может обозначать разные звуки: так буква **Е** может произноситься как **э** в слове *жест*, а может как **йэ** в слове *поезд* и как **и** в слове *земля*. Буква **Г** произносится: как **г** в слове **Господь** и как **х** в слове **Бог**; как **в** в слове **его** и как **к** в слове **друг**. Однако буква **Е** это всегда буква **Е**, а **Г** – всегда **Г**.

В прошлом некоторые преподаватели начальной школы рекомендовали обучать детей наиболее часто встречаемому звучанию буквы так, *как будто это и есть* название буквы. Это было сделано из лучших побуждений. В 2006 году, будучи волонтёром-экспертом по дислексии в местной начальной школе, помощник учителя попросил меня не использовать названия букв, потому что это может смутить наиболее дислектичных детей. Мне пришлось прикусить язык. В собственной практике, работая лично с детьми постарше, у которых были проблемы с чтением, я познакомился с последствиями такого подхода: озадаченными детьми, которые после выучивания названий букв не могут уверенно прочесть ни одного слова, потому что каждая буква в их мозгу имеет двойную идентичность. У некоторых из этих детей к началу средней школы сформировалось впечатление, что заглавные буквы называются по названию букв, а прописные по их звукам. Не говоря уже о причудливом изображении английскими педагогами латинской буквы *c* (произносится иногда как *s*, но чаще как *k*) как «*curly kə*» («вьющийся kə»), а *k* как «*kicking kə*» («пинающий kə» - «*А кого она пинает, мамочка?*»...), чтобы избежать «сложности» использования их настоящих имен!

Как вообще мы пришли к идее, что именование – более сложный навык, чем расшифровывание? Дети с огромным интересом запоминают имена с самого момента начала изучения языка – в конце концов, это и есть смысл его изучения. Уже в первом классе для них не проблема запомнить имена тридцати своих одноклассников. Звук, обозначаемый буквой, есть лишь её функция, а не идентичность. Как только ребёнок запоминает, как называется буква *Е*, факт того, что в разных словах она может обозначать разные звуки, становится для него таким же ясным, как факт того, что его друг Роберт может сидеть, стоять или прыгать; собака может лаять, рычать и скулить; дверь может быть открытой или закрытой, и так далее.

Обучая детей названиям букв, мы даём им вовсе не бесполезную информацию, которой они никогда не воспользуются. Освоение названий букв - это важнейший жизненный навык: он невероятно важен, когда вам нужно объяснить, как пишется ваша фамилия, направить посетителя в «блок Г» или рассказать своим детям, что ранее ваша страна называлась СССР. Зачем нам защищать маленьких детей от столь простой и несомненно важной информации о буквах?

Стратегии обучения Дейвиса – трёхлетняя программа обучения чтению, делающая ставку на мультисенсорное освоение букв в процессе, основанном на их названиях. По простому и понятному шаблону дети создают каждую букву, используя эмпирическую среду белого пластилина, визуализируют своё создание и называют его. Этот процесс становится фундаментом, на котором дети осваивают алфавитный порядок, исследуют три части слова (вид, звук и смысл) и делают первые шаги к распознаванию слов. Во время пробного запуска программы, который длился три года и проходил в трех классах с разным социально-экономическим положением, распознавание простейших слов уже через год после начала программы было заметно выше, чем у детей тестовой группы. Что ещё более важно: после завершения программы ни одному ребёнку не потребовался перевод на особое обучение (детям на тот момент исполнилось девять лет).[39]

Особенно интересно в этом подходе то, что он может применяться и вместо фонетики, и вместе с ней. Дети могут называть пластилиновую *Е*, созданную ими, просто говоря «ты *Е*»; а могут говорить: «Ты *Е*; ты произносишься как *е*». При наличии особых способностей в фонетике дети, могут даже говорить: «ты *Е*; ты можешь произноситься как *е*, *э* или *и*». Таким образом изучение наименования букв предоставляет универсальную начальную точку для овладения грамотностью; оно позволяет учителям создавать простую, связную структуру для

---

[39] (Pfeiffer, Davis, Kellogg, Hern, McLaughlin, & Curry, 2001)

обучения чтению, основанную на общепринятых принципах, но оставляющую при этом свободу выбора подхода к обучению в зависимости от возраста, навыков и способностей ученика.

Вот пример возможной схемы обучения ребёнка с хорошим фонетическим восприятием и без признаков проблем с обучаемостью:

ПОЧЕМУ *ТИРАННОЗАВР*, НО НЕ *ЕСЛИ*?

Освоение букв
- Создание букв в художественной среде
- Знакомство с названием букв; дальнейшие ознакомительные упражнения

Графемно-фонемные соответствия
- Понимание того, что буквы "могут" (например их возможные фонемы)
- Понимание того, что буквы "могут" вместе (в диграфах)

Алфавитный порядок
- Расставление созданных букв в алфвитном порядке
- Произнесение слова в прямом и обратном порядке
- Визуализация прямого и обратного порядка
- Охота на фонемы ("найдите букву, которая может обозначать звук "э" и т.п.) Основы чтения

Три части слова: вид, звук, смысл
- Чтение по буквам: прочтение букв в слове в прямом и обратном порядке
- Смешивание
- Освоение простейших слов в художественной среде

Понимание чтения
- Освоение знаков препинания
- Паузы на знаках препинания для визуализации смысла фразы
- Словарные навыки

А вот похожая схема для ребёнка с низкой фонологической осведомлённостью, иностранца и/или страдающего от визуального стресса:

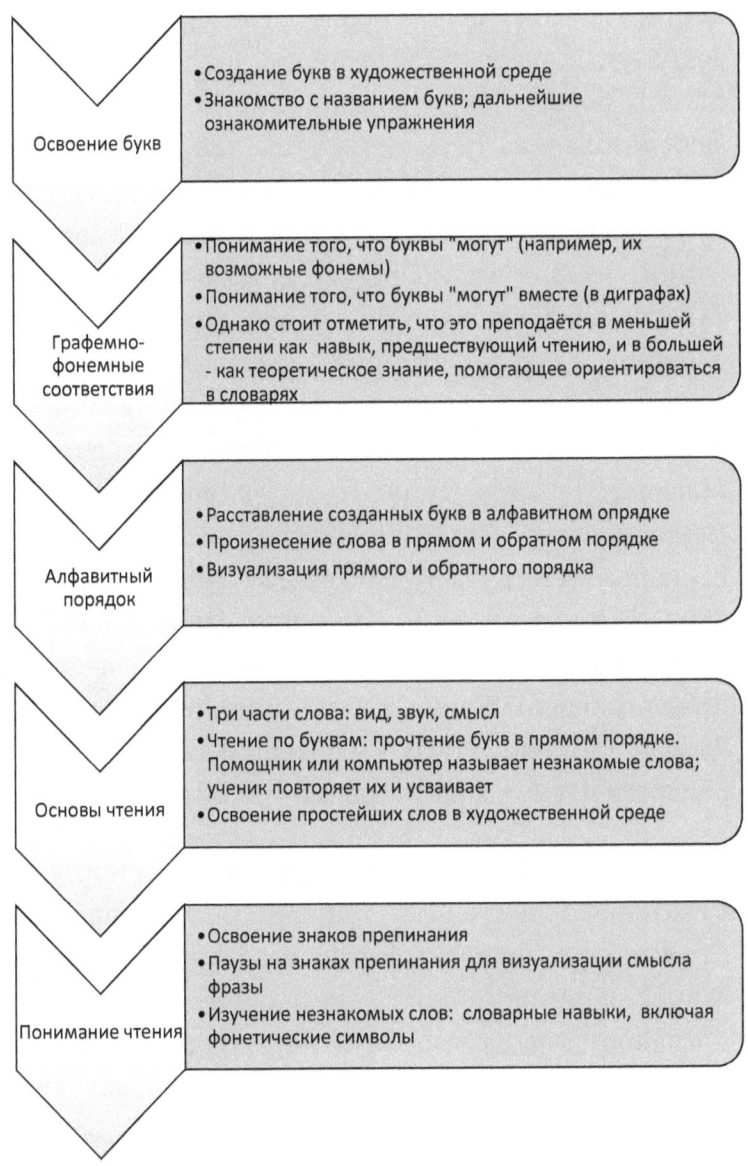

Цель дифференциации очевидна. Расставляя учебные цели, исходя из беглости и точности распознавания слов учеником, педагог освобождается от идеологических пут, которые обязывали его достигать эти цели предопределённым образом, сохраняя критерий успешного получения знаний даже более скрупулезно, чем в фонетике. Использование художественной среды, такой как пластилин, даёт ребёнку устойчивую идентичность буквенных символов в начале обучения грамотности. Фонетические методы остаются основными в классе, так как их эффективность для большинства учеников очевидна, но теперь они закрепляются новыми техниками, фиксируя восприятие последовательности букв в словах и максимально повышая эффективность расшифровки. То меньшинство, у которого не получается воспользоваться фонетическими методами, может быть направлено на параллельный путь, направленный на те же учебные цели, но продолжающий использовать комбинацию чтения по буквам и словарных навыков для повышения беглости чтения и расширения словарного запаса.

Чтение по буквам было главной причиной успеха Стратегий обучения Дейвиса. Эта процедура объясняется в одиннадцатой главе и основывается на закреплении способности визуального распознавания последовательности букв в словах у детей. Несмотря на то, что фонетическую расшифровку часто называют необходимым навыком для освоения незнакомых слов при чтении, хорошие словарные навыки могут заменить ее в достижении этой цели. Я работал со множеством дислектичных детей, которые научились пользоваться словарём с поразительной скоростью после того, как досконально и визуально-пространственно освоили алфавитную последовательность. Рудиментарное знакомство с фонетикой полезно для того, чтобы ученик мог обоснованно предположить, какими будут первые три буквы слова и, соответственно, какой раздел словаря ему нужен. В то же время множество программ для чтения электронных книг, таких как Kindle, предлагают ещё более быстрый путь: клик на незнакомое слово переносит читателя прямо к его словарному определению. В конце концов, фонетическая расшифровка не говорит человеку, что слово *значит*; оно не может пополнять словарь читателя само по себе. Что ещё более важно, даже с небольшой тренировкой дислектичные дети с низким фонетическим восприятием могут научиться использовать фонетическую транскрипцию для понимания того, как произносится незнакомое им слово.

Конечной целью чтения является понимание прочитанного. Если опытный читатель может моментально переключаться между печатным словом на странице и мысленным образом его значения в голове, важно ли, с помощью какого способа был получен необходимый уровень автоматического понимания – фонетического или нет? Оттачивая наш учебный план, мы должны с умом выбрать начальную точку А – необходимость распознать последовательность букв в слове – и конечную точку Б – быстрое, точное и осмысленное чтение. Путь из точки А в точку Б может быть разным и должен быть проложен персонально для каждого ребёнка.

Автоматическое понимание начинается на уровне слова, когда целью является построение быстрой и точной ассоциации между словом и его смыслом – так, чтобы при взгляде на слово *щенок*, мысленный образ молодой собаки сам возникал в голове читателя. Автоматичность этого процесса породила так называемый *эффект Струпа*: в 1935 году Ридли Струп опубликовал исследование, в котором семидесяти студентам колледжа предлагалось прочесть содержимое листа, на котором были напечатаны названия цветов, причём напечатаны они были в цвете, отличном от названного в тексте.

КОРИЧНЕВЫЙ	КРАСНЫЙ	СИНИЙ	СИНИЙ	КРАСНЫЙ
КРАСНЫЙ	ФИОЛЕТОВЫЙ	ЗЕЛЁНЫЙ	ОРАНЖЕВЫЙ	ЗЕЛЁНЫЙ
ОРАНЖЕВЫЙ	КОРИЧНЕВЫЙ	ФИОЛЕТОВЫЙ	ЗЕЛЁНЫЙ	ФИОЛЕТОВЫЙ
ЗЕЛЁНЫЙ	СИНИЙ	ОРАНЖЕВЫЙ	КОРИЧНЕВЫЙ	ОРАНЖЕВЫЙ
СИНИЙ	ОРАНЖЕВЫЙ	КРАСНЫЙ	КРАСНЫЙ	КОРИЧНЕВЫЙ
ФИОЛЕТОВЫЙ	КОРИЧНЕВЫЙ	СИНИЙ	СИНИЙ	ЗЕЛЁНЫЙ
КРАСНЫЙ	ФИОЛЕТОВЫЙ	КОРИЧНЕВЫЙ	ФИОЛЕТОВЫЙ	КРАСНЫЙ
ЗЕЛЁНЫЙ	СИНИЙ	СИНИЙ	КОРИЧНЕВЫЙ	ФИОЛЕТОВЫЙ
КОРИЧНЕВЫЙ	КРАСНЫЙ	КРАСНЫЙ	ОРАНЖЕВЫЙ	СИНИЙ
ОРАНЖЕВЫЙ	КОРИЧНЕВЫЙ	ОРАНЖЕВЫЙ	СИНИЙ	ЗЕЛЁНЫЙ
ФИОЛЕТОВЫЙ	ЗЕЛЁНЫЙ	ФИОЛЕТОВЫЙ	КОРИЧНЕВЫЙ	ОРАНЖЕВЫЙ
ЗЕЛЁНЫЙ	ОРАНЖЕВЫЙ	ЗЕЛЁНЫЙ	ФИОЛЕТОВЫЙ	КРАСНЫЙ

Рис. 9: реконструкция теста Струпа

ЧТО ТАКОЕ ЧТЕНИЕ

Исследование показало, что, когда участников просили назвать цвет, которым напечатано слово, это занимало гораздо больше времени, чем когда их просили просто прочесть слово. Из этого Струп сделал вывод, что распознавание знакомых слов при чтении даже более автоматизировано, чем наименования цветов.[40]

Кто-то может решить, что автоматичность описанного Струпом эффекта исключительно фонетическая: что мы соединяем графемы и фонемы на таком высоком уровне беглости, что она переписывает наше восприятие цветов. Тем не менее, *табуированный эффект Струпа*, протестированный Маккеем и др. в 2004 году и процитированный Стивеном Пинкером в его книге «*Субстанция мышления*», предполагает обратное. В тесте Маккея участникам были предоставлены не названия цветов, данные в конфликтующих с ними расцветках, а набор ругательств, таких как *шл*ха, еб*ть, х*й* и т.д. (в целях соблюдения приличия слова цензурованы, но в тесте Маккея они были приведены во всей их свободной от звёздочек славе). Так же, как и в тесте Струпа, участникам предлагалось проигнорировать содержание слов и лишь назвать цвета, которыми они напечатаны; тест проводился как с набором табуированных ругательств, так и с набором нейтральных слов. И относительно нейтральных слов участники называли цвет табуированных слов

---

[40] (Stroop, 1935)

гораздо более медленно, с бо́льшим процентом ошибок.[41]

Из этого можно заключить, что автоматичность, открытая тестом Струпа, не просто ассоциирует слово с его звуком, но и с его смыслом. Я рискую здесь сказать очевидное, но именно смысл табуированных слов шокирует читателя, а не их звучание. Это очень хорошо сочетается с гипотезой «двойного пути» беглого чтения, которую мы кратко обсудили в первой главе.

В ней мы также выяснили, что автоматическое понимание легче вырабатывается для «слов-образов», таких как *тираннозавр, сюрприз, розовый* или *прыжок*, чем для абстрактных, часто используемых соединительных слов, таких как *потому, если* и *пока*. Эти слова составляют, пожалуй, большинство встречаемых нами в тексте слов. Более того, они выражают тот калейдоскоп связей, который мы учимся устанавливать между вещами, свойствами и событиями, которые нам преподносит жизнь. Мультисенсорное исследование смысла этих пары сотен слов может обогатить образовательный план начальной школы. Такое исследование преодолеет ключевое препятствие на пути к беглому чтению у «визуально-пространственно» мыслящих дислексичных учеников, которые запинаются о природу этих абстрактных, не имеющих образа слов,

---

[41] (Mackay, et al., 2004)

являясь в то же время важным, развивающим интеллект упражнением для всех учеников.

Стратегии обучения Дейвиса - это трёхлетняя программа обучения чтению, предназначенная для средней и начальной школы. Её ключевым элементом является Освоение символов по методу Дейвиса - мультисенсорный процесс освоения слов, в котором ученики создают собственные образы смысла, заключённого в словах, из пластилина. Буквы тоже делаются из пластилина и, когда ученик произносит слово, он соединяет его три части в единый опыт.

Рис. 10: Стратегии обучения Дейвиса и простейшие слова

Трёхлетнее исследование эффективности Стратегий обучения Дейвиса, включавшее 86 школьников Сан-Франциско, подтверждает гипотезу о том, что мультисенсорное освоение часто встречаемых соединительных слов улучшает беглость чтения, укрепляя в то же время интеллект. По завершении первого года программы первоклассники, принимавшие участие в Стратегиях обучения Дейвиса, набрали на освоении ста базовых слов значительно больше баллов, чем контрольная группа (90-100% точность для всех классов Дейвиса против менее чем 67% средней точности в контрольных классах).

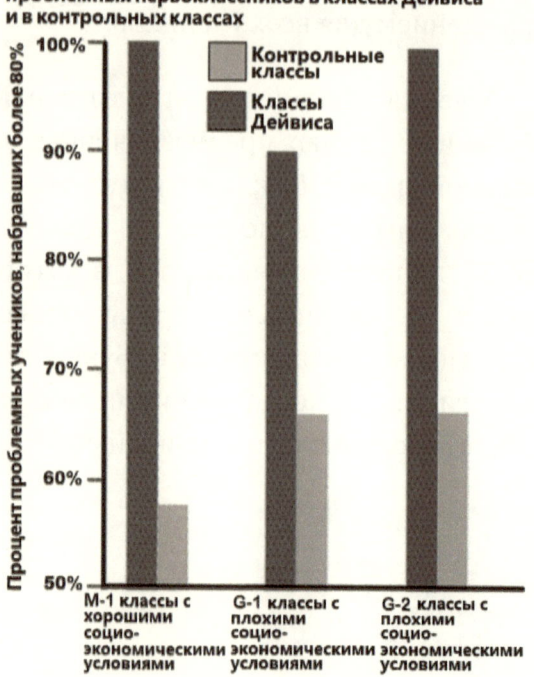

*Рис. 11: Стратегии обучения Дейвиса и простейшие слова.
Источник: www.davislearn.com*

Спустя три года после начала программы среди всех классов Дейвиса не было подано ни одного запроса на особое обучение, и – возможно, это самое важное – число запросов на образование для одарённых и талантливых детей (Gifted and Talented education - GATE) было выше среднего по стране.[42] Говоря словами одного из принимавших участие в программе учителей, «это подарок, который мы можем сделать нашим детям, если реализуем стратегии обучения

---

[42] (Pfeiffer, et al., 2001)

Дейвиса в наших классах. Мы можем предоставить каждому ученику, вне зависимости от его стиля обучения, возможность и способность обучаться успешно. Разве для педагога может быть награда важнее?»

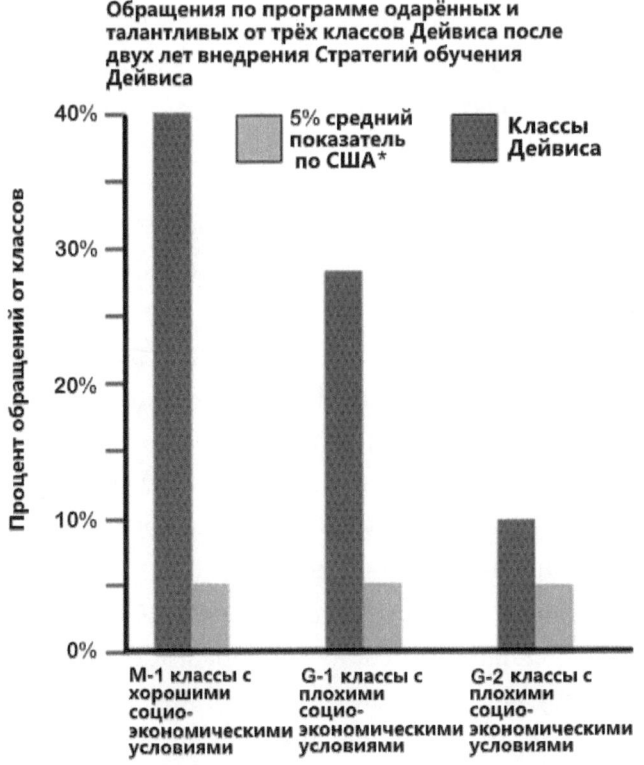

Рис. 12: Стратегии обучения Дейвиса и обращения GATE. Источник: www.davislearn.com

Больше подробностей о Стратегиях обучения Дейвиса содержится в десятой главе.

ПОЧЕМУ *ТИРАННОЗАВР*, НО НЕ *ЕСЛИ*?

Вне зависимости от того, как развивается беглость понимания слова, мы должны вовлекать воображение наших учеников в процесс обучения более активно. Было бы прекрасно, если бы больше учителей вели со своими учениками диалог в таком формате: «Можете ли вы представить, что значит *тираннозавр*?» «Конечно!» «А что насчёт *если*? Можете ли вы представить, что значит *если*?» «Эм – нет!» «Хорошо, давайте изучать *если*, пока не сможем его представить!»

Нам также необходимо использовать силу воображения в обработке непрерывного текста. Ключевой элемент здесь – пунктуационная осведомлённость. Знаки пунктуации, разделяющие элементы текста – точки, восклицательные и вопросительные знаки, тире, запятые и точки с запятой – говорят читателю остановиться и обработать смысл прочитанного. Смысл может быть представлен в виде мысленного образа или прочувствован. «*Собака бежала с лаем по –*» не создаёт удовлетворяющий умственный образ. «*Собака бежала с лаем по улице*» создаёт. В предложении «*Собака бежала с лаем по улице, подняв дыбом шерсть и оскалившись*» запятая предлагает удобное место для разделения нашего мысленного образа на два компонента, если длина предложения слишком велика для его восприятия целиком. Больше подробностей о силе соединения пунктуации с воображением для выработки важных читательских навыков ищите в одиннадцатой главе.

Глава 6: СДВГ и тайна «скорости обработки информации»

«Все мы любим Х., по крайней мере большая наша часть. Он обладает невероятной энергией, умом и добротой; если бы он умел сдерживать себя, то стал бы миллионером. К сожалению, такой карьерный путь для него недостижим. Более вероятна для него сейчас карьера в экстремальном шоу или цирке: бесшабашные выходки – будь то прыжки по всему общежитию на костылях, полёт мимо заместителя главы[43] по коридору или простая поездка на игрушечной машине через кампус – всегда впечатляют».

Так открывается отчёт заведующего пансионом об одном гиперактивном ученике-девятикласснике. Я знал этого ученика, он всегда был одним из самых

---

[43] Британский эквивалент вице-президента

быстро соображающих и говорящих детей из всех, с кем мне довелось работать. Однозначно не тот тип, у которого ожидаешь обнаружить в диагнозах низкую скорость обработки визуально-моторной информации – тем не менее, 25% дополнительного времени на экзаменах он получил именно по этой причине. Снова и снова я вижу учеников с гиперактивностью и проблемами с фокусировкой внимания, – носящихся по коридорам, проводящих часы на футбольном поле и готовых заболтать всех вокруг до смерти – показывающих на тестах результаты, схожие с низкой скоростью обработки информации.

Я не одинок в своих наблюдениях. Якобсон и др. исследовали сорок одного ребёнка с СДВГ и обнаружили, что их скорость обработки информации ниже, чем у двадцати одного ребёнка контрольной группы.[44] Британский Совместный совет по квалификациям (The Joint Council for Qualifications) также отмечает эту парадоксальную корреляцию. На шестнадцатой странице Руководства для экзаменационных комиссий за 2016-2017 учебный год говорится, что «диагнозы СДВ и СДВГ должны быть сигналом для тестирования скорости обработки информации кандидата». Что же здесь происходит?

Журнал *Additude* предлагает родителям детей с СДВ рабочее, но малоутешительное объяснение: «низкая скорость обработки информации означает, что для

---

[44] (Jacobson, et al., 2011)

понимания полученной информации ребёнку требуется немного больше времени, чем его сверстникам. У него могут быть проблемы с усвоением письменной или устной информации, или ответ на вопрос может занимать больше времени. Это не затрагивает его интеллект, но демонстрировать свои знания ребёнку становится на порядок сложнее».[45]

Возможна и другая интерпретация, представляющая людей с СДВГ немного крутыми. По сути, тест на скорость обработки информации испытывает нашу *линейную* скорость обработки. Возьмите, например, тест символьно-цифрового кодирования (Single digit modality test - SDMT)[46]- проверка скорости обработки визуально-моторной информации, - согласно которому упомянутый выше ученик получил своё дополнительное время на экзамене. Этот тест представляет из себя десять искусственных символов, каждый из которых соответствует цифре; кандидатам предлагается заполнить правильные цифры под каждым символом, работая с каждым из них в порядке очерёдности, слева

---

[45] (Additude, 2006)
[46] (Smith, 1982). Material from the SDMT copyright © 1973 by Western Psychological Services. Reprinted by R. Whitehead, Create-A-Word Books Ltd, for scholarly display purposes by permission of the publisher, WPS. Not to be reprinted in whole or in part for any additional purpose without the expressed, written permission of the publisher (rights@wpspublish.com). All rights reserved.

направо. Количество правильных ответов, данных за девяносто секунд, и является оценкой кандидата.

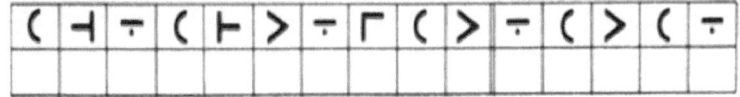

Рис. 13: Верхний ряд теста модальности цифр (Смит, 1982).

Люди с СДВГ же известны тем, что распространяют своё внимание на обширное пространство вокруг. «Внимание...» - пишет Свайцер, «...есть источник проблемы СДВГ, как и предполагает понятие дефицита внимания, и тем не менее избыток внимания, как его называет доктор Додсон, является не меньшей проблемой, порождаемой расстройством. Мир полон множества внутренних и внешних объектов, привлекающих наше внимание по той или иной причине... Мозг при СДВГ любит многозадачность, потому что два-три источника низкого уровня интереса стимулируют его сильнее, чем один источник низкого уровня»[47]

Плохой результат на оценке скорости обработки информации не означает, что человек медленно соображает. Он может также означать, что в голове человека, возможно против его же собственного желания, роятся тысяча и одна посторонняя мысль. По своей сути тесты на оценку скорости обработки информации склонны вознаграждать людей,

---

[47] (Sweitzer, 2014)

мыслящих линейно и прямо, и наказывать многозадачников. Они всячески поощряют пешехода, неспешно гуляющего по тротуару, но оттесняют в сторону парня на мотоцикле, нарезающего круги по парковке.

«Когда моему сыну в тринадцать лет поставили диагноз СДВГ, мне сказали, что это «болезнь», «…такая же, как диабет, только вместо повреждённой поджелудочной, производящей недостаточный объём инсулина, у него повреждён мозг, производящий недостаточный объём нейромедиаторов. Я чувствовал, что это паршивая, тупиковая интерпретация».[48] Это слова Тома Хартманна, автора радикальной гипотезы, отвергающей традиционную теорию СДВГ как «расстройства» и рассматривающую людей с СДВГ как охотников в мире фермеров. Согласно Хартманну, черты СДВГ, рассматриваемые как недостатки, вполне могут быть достоинствами в сообществе охотников:

---

[48] (Hartmann, 2007)

Черта через призму «расстройства»	Черта «охотника»	Черта «фермера»
Малая длительность фокусировки внимания, но может надолго сосредотачивать внимание	Постоянно наблюдает за своим окружением	Не отвлекается по пустякам
Плохое планирование: дезорганизован и импульсивен (принимает поспешные решения)	Способен броситься в погоню при первом взгляде	Способен прикладывать постоянное, устойчивое усилие
Нарушенное чувство времени: не замечает течения времени, когда занят	Гибок: способен быстро менять стратегию	Организован, целенаправлен. Придерживается долгосрочной стратегии
Нетерпелив	Неустанный: способен длительное время гнаться за целью	Постоянно следит за временем. Всё делает вовремя
Не умеет конвертировать слова в концепты, и наоборот	Образный мыслитель, думающий о физической цели	Терпелив. Понимает, что для достижения чего-то нужно время – готов ждать

Черта через призму «расстройства»	Черта через призму «охотника»	Черта через призму «земледельца»
Сложно следовать указаниям	Независимый	Командный игрок
Мечтатель	Будничные задачи ему скучны; наслаждается новыми идеями, восхищается горячкой погони	Собран. Уделяет внимание деталям, «доводит дело до конца»
Действует, не считаясь с последствиями	Желает и может брать риски и встречаться с опасностями	Осторожен. «Семь раз отмерь, один отрежь»
Плохие манеры	«Нет времени на реверансы, надо решать проблему!»	Создаёт и поддерживает общественные ценности; Настроен на длительные отношения[49]

Стакан наполовину пуст? Наполовину полон? Или одномоментно насыщен водой и атмосферными газами? В конечном анализе, для человека с СДВГ неважно, рассматриваем мы его способ мышления в позитивном или негативном ключе, если мы

---

[49] (Hartmann, 2007)

неспособны понять, как его мозг работает и учить его соответствующим образом.

Тесты не ставят диагнозы; это делают люди. Опытный эксперт не просто перепишет результат теста на скорость обработки информации, но и учтёт то, что этот тест *значит* в контексте всего остального тестирования и более широкого понимания проблемы. Взятый в отдельности результат теста бесполезен для учителя. Совокупность же хороших результатов по тестам на визуальные и/или вербальные способности, а также наличие целостных индикаторов живого внимания, в *интерпретации* этих результатов как признаков многозадачного интеллекта даёт преподавателю пищу для размышлений.

Но пища это одно дело; съесть эту пищу – дело совершенно другое. Умственная многозадачность не является ни способностью, ни нарушением. Её нельзя подавить препаратами или принуждением. Но в некоторых ситуациях возможность мыслить об одной конкретной вещи может быть крайне полезной. Нам необходимо уметь брать задачи мозговым штурмом, мыслить за рамками – но после мы должны уметь выбрать лучшие идеи и действовать соответственно выбранной, шаг за шагом. Иногда наш мозг должен быть похож на лесную чащу; иногда на бобовый стебель. Критически важно научиться понимать, когда каким ему нужно быть, и как быстро переключаться с одного состояния на другое. Как вообще чему-то подобному можно научить?

Исследование Лидии Зиловски, изучавшее возможность использования медитации осознанности как тренинга для коррекции СДВГ, даёт нам отправную точку. Хоть исследование и имело скромную выборку из двадцати трёх взрослых и подростков, проведённые до и после медитационного тренинга тесты на эффективность работы систем внимания (Attention Network Test – ANT) показали значительный спад конфликта внимания (отвлекаемости) у большинства участников. Примечательно, что после тренинга средний результат участников теста был сравним со средними результатами, полученными у не имеющих признаков СДВГ взрослых и подростков.[50] В другом исследовании у двадцати участников с глубоким опытом медитации были обнаружены «более плотные» (т.е. более развитые) участки мозга, связанные с вниманием, осознанием своего тела и обработкой информации, чем у контрольной группы, включая префронтальную кору и правую островковую долю.[51]

Помощь Дейвиса в ориентации® - это простая, самонаправленная техника, разработанная дислектичным автором Рональдом Дейвисом, которая обучает детей и взрослых осознанно переключаться

---

[50] (Zylowska, et al., 2008)
[51] (Lazar, et al., 2005)

между дезориентацией и ориентацией. Дезориентация – это творческое состояние, в котором мозг замыкается сам на себе для решения задач, мечтания или разрешения парадоксов. Ориентация – это рецептивное состояние, в котором мозг направлен на окружающий мир: он видит то, что видят глаза, слышит то, что слышат уши, точно воспринимает неподвижность и движение и непрерывно воспринимает время.

Помощь Дейвиса в ориентации обычно проходит в комплексе с рядом других техник Дейвиса, созданных для обучения грамотности, счёту и/или фокусировки внимания. В 2005 году Рене Энгельбрехт в университете Стелленбос, Южная Африка, работал с группой из двадцати говорящих на африкаанс учеников пятых-седьмых классов школы для детей с потребностью в особом обучении, чтобы изучить последствия применения ряда техник Дейвиса, включая Помощь Дейвиса в ориентации. Помимо общего прогресса в чтении и письме, Энгельбрехт отмечал значительный рост психологических показателей, таких как фокус внимания, послушания, поведения и прочих эмоционально-поведенческих категорий.[52]

Схожие результаты обнаружили исследователи из народного университета Блумфонтейна, Южная Африка, отслеживая прогресс восемнадцати учеников, обучавшихся по техникам Дейвиса (включая Помощь

---

[52] (Engelbrecht, 2005)

Дейвиса в ориентации) на протяжении девяти месяцев. Кроме повышения уровня грамотности, были отмечены развитие позитивного отношения к общественному взаимодействию, повышение социальной ответственности, осознание и понимание социальных и образовательных проблем и, наконец, появление возможности выработки необходимых навыков обучения и решения проблем.[53]

В 2003 году группа исследователей из Италии оценила скорость и точность чтения дислектичных учеников, проходивших восемь различных практик, одной из которых была Консультация Дейвиса для ориентации, назначенная – что для неё необычно – в отдельности от прочих процедур Дейвиса. Группа, проходившая данную практику Дейвиса, состояла из шестнадцати учеников в возрасте от трёх до восьми лет. Группа Дейвиса показала наибольший рост в скорости чтения, в два-три раза превосходя по скорости учеников из других групп.[54] Скорость чтения часто связывают с продолжительностью сохранения фокуса внимания.

Эти скромные, но постоянные показатели небольших качественных исследований показывают, что проблемы фокуса внимания *пластичны* и откликнутся на правильно подобранный тренинг. Люди с СДВГ не нуждаются в подавлении присущей им многозадачности или склонности к риску. Всего лишь

---

[53] (van Staden, et al., 2009)
[54] (Tressoldi, et al., 2003)

следует научиться направлять эти качества в правильное русло. В своей книге «Почему я отвлекаюсь» Эдвард Хэлловэлл приводит шесть изменений в образе жизни, которые могут позитивно сказаться на СДВГ: больше личного приятного общения, меньше времени за электронными гаджетами, улучшение режима сна, сбалансированная диета, постоянные физические упражнения и молитвы или медитации. «Цель» - говорит Хэлловэлл, «преобразовать СДВ в благословение. Вы можете сделать это, акцентируя внимание на преимуществах, избавляясь от его недостатков. Обычно сделать это нелегко. Некоторым везунчикам это удаётся относительно просто, но большинство из нас такое рукотворное изменение собственной жизни достигает лишь потом и кровью. Порой может казаться, что это бесполезно. Я видел так много людей с СДВ, которые победили свои проблемы, что никогда не поверю в невозможность этого. *Любой*, у кого есть СДВ, способен вылепить полноценную, радостную жизнь из тех ресурсов, с которыми он пришел в этот мир».[55]

В книге «Дар обучения»[56] Рональд Дейвис представил подробную гипотезу о влиянии регулярной, длительной дезориентации, приводящей в альтернативную реальность, созданную им же (своего рода постоянные глубокие грезы) на развитие личности. «Альтернативный опыт реальности

---

[55] (Hallowell & Ratey, 2005)
[56] (Davis & Braun, 2003)

человека», утверждает Дейвис, «каким-то образом исключает или пропускает мимо восприятия важные уроки, которые предотвратили бы нежелательные проявления СДВГ». Дейвис отмечает, что альтернативная реальность человека с СДВГ - это нечто большее, чем просто грёзы. «Они не укладываются в модель обычных мечтаний, потому что состояние дезориентации позволяет прочувствовать мечты как реальность... Для окружающих ребёнок с СДВГ играет сам с собой. Для него же это его реальность – его жизнь. Несмотря на то, что он всего лишь играет, жизненные уроки, усвоенные им, будут включены в его фильтрующую систему отбора».

В этой альтернативной реальности ничто не существует постоянно, поэтому в ней нет прошлого или будущего. Когда ребёнок с СДВГ попадает в собственный внутренний мир, он входит в бесконечное альтернативное «сейчас». Дейвис приводит огромное множество концепций, начиная от *изменения*, *причины/следствия*, *времени*, *последовательности*, и заканчивая *порядком* и *беспорядком*, которые могут быть заменены или искажены в результате. Каждая из них может быть представлена как жизненный урок, который может быть упущен или неправильно выучен.

Эта глава уже изучила то, как техники вроде медитации осознанности или Консультации Дейвиса для ориентации успешно показывают людям с СДВГ как устанавливать контроль над порталом между их альтернативной реальностью и настоящей, физической вселенной и в любое время решать, в какой из них они хотят находиться. Для людей с СДВГ дорога к успеху и осуществлению своих желаний зачастую нелегка. Родителям детей с СДВГ необходимо иметь стальные нервы: порой страшно видеть своего ребёнка в эксцентричном, непредсказуемом состоянии, и тяжело вести жизнь, которая, как порой кажется, «идёт» в никуда. Но люди с СДВГ полны сюрпризов и самый большой из них заключается в том, кем станет ваш ребёнок, когда войдёт во взрослую жизнь. Ваша работа как родителя заключается в том, чтобы верить в своё дитя, замечать и поощрять все хорошее, сделанное им, остерегаться *оценивать* его как хорошего или плохого и просить других взрослых в его жизни делать тоже самое. Говоря словами известного дуэта бабушек-писательниц Адель Фабер и Элейн Мазлиш, «вы можете забрать назад «хорошего мальчика», назвав его «плохим мальчиком» на следующий день. Но вы никогда не сможете забрать у него время, когда он подбадривал свою мать открыткой «поправляйся», или время, когда он выполнял какое-то сложное задание и продолжал упорно трудиться, забыв про усталость. Эти моменты, в которые он демонстрировал свои лучшие стороны, станут для него идеалами всей его жизни, к которым он будет возвращаться в моменты сомнения или уныния. В прошлом он сделал что-то, чем гордился. У него есть всё нужное, чтобы сделать это снова».57

> **Как домашнее обучение позволило мне полюбить свой СДВГ**
>
> (написано моим сыном, Филиппом Уайтхэдом)
>
> На днях я покупал овощи, когда заметил мальчика в школьной форме, спорящего со своим отцом. Уставший и расстроенный он швырнул свой ланч-бокс на землю. Несколько человек смотрели на него осуждающе. Я поймал на секунду взгляд мальчика, подмигнул ему, мысленно говоря: «да, я тоже». В конце концов он был зеркальным отражением пятнадцатилетнего меня.
>
> Я был худшим кошмаром любого родителя. У меня была дурная репутация среди воспитателей в детском саду, я перекрикивал всех на вечеринках и сломал кровать своих родителей (им пришлось целый год спать на полу).
>
> Предсказуемо, что и в школе у меня не задалось. Я уже умел читать и это дало мне фору перед другими детьми, из-за чего мне не разрешали отвечать на вопросы в классе. Меня это устраивало. Я нашёл достаточное количество столов для разрисовывания, бумажных шариков для кидания и уши других детей, по которым я мог щёлкать, сидя на задней парте. Каждый день меня выставляли из класса за непослушание.

---

57 (Faber & Mazlish, 2012)

Мои родители поняли, что учёба не могла в достаточной степени заинтересовать меня, пока учителя бубнили о вещах, которые мне не были интересны. Это был момент, когда систематическое образование и я решили расстаться.

Лучиком надежды стало то, что мой старший брат тоже ушёл из школы. Вдвоём мы проводили время дома, постоянно чем-то занимаясь. Мы отрывались по полной и выучили множество вещей. Конечно зрелость моего брата означала, что он мог заниматься каким-то делом дольше, чем я. Он терпеливо садился и изучал новые навыки вроде танцев или рисования перспективы. Я же испытывал на прочность шахматные фигуры в соревновании «шахматы против столешницы».

Вскоре стало ясно, что я «другой». Был момент, когда я сломал ногу своему другу, излишне увлёкшись в шутливой драке понарошку; одним вечером я ударил моего брата молотком по голове, играя в казаков-разбойников; и как я могу забыть тот день, когда мой учитель скрипки отказался меня обучать, сказав, что я неуправляем. Какое же было решение – отправить меня в мою комнату? Я просто опустошал книжные полки и барабанил в стены. Мне просто нравилось раскидывать книги с полок и бить по стенам. Нет, должен был быть другой выход.

Со временем у мамы и папы закончились идеи. Оставшись без них, они перестали пытаться. Нет, они не сдались и не отказались от меня. Любящие родители не пренебрегают своим ребёнком, вне зависимости от того, насколько он надоедлив. Пренебрежение и творческая свобода – разные вещи.

Мои родители, взяв на себя роль учителей, сделали шаг назад и позволили мне написать свою программу обучения. Конечно каждый день она менялась: по понедельникам я читал книги по астрономии и безостановочно болтал о квазарах; по вторникам я писал поэмы или лепил горшки из глины. Важнее всего было не то, что я учил, но сам факт того, что я учился. Позволив мне самому выбрать, что учить, мои родители позволили мне мотивировать самого себя. Это открыло мне множество интеллектуальных путей и позволило получить огромный объём знаний по некоторым предметам, к которым я испытывал особую страсть.

Конечно я всё ещё тратил время на лазанье по деревьям, пока другие дети упорно трудились в школе, но я не потратил ни секунды на обучение тому, чем не интересовался. Когда я со временем вернулся в школу, у меня были серьёзные пробелы в знаниях, но мои умственные способности были до того отточены, что догнать школьную программу для меня не составило труда.

Сейчас я уже научился использовать плюсы короткой продолжительности моего внимания. Я постоянно бегаю, забыв, чего я так хотел достичь вчера, и никогда не прекращаю искать и находить себе новые бессмысленные перспективы, на которых можно сконцентрировать внимание – без всякой особой причины, лишь ради чистой радости получения знаний. У меня есть ежедневники и приложения, позволяющие мне не забывать о важных делах, так что у меня нет намерения как-то «давить» свою гиперактивность. Она принесла мне мой красный диплом, и она всегда была самым важным инструментом в моём арсенале навыков. Мой мчащийся ум позволял мне решать проблемы эффективно и просто.

Возможно, я жалею, что подмигнул ребёнку в супермаркете. Может я должен был подойти к его отцу и сказать: «*Это нормально. Эта форма просто ему не подходит. По крайней мере пока*».[58]

---

[58] (Whitehead, 2016)

Глава 7: Рабочая память или эмоциональная память?

Несколько лет назад я консультировал по телефону женщину слегка за сорок. У неё была диагностирована дислексия и связалась она со мной, чтобы выяснить, почему связанные с грамотностью задания так тяжело давались ей в школе, а после и во взрослой жизни.

Опираясь на свой опыт, могу сказать, что невозможно понять природу нарушения обучаемости человека, не зная его сильных сторон. Я спросил женщину, какие задачи даются ей легко.

«Ну, – ответила она, – мне всегда нравилась математика, с самых малых лет. И я всегда хорошо запоминала телефонные номера».

«Это интересно! – ответил я. – Как вы вспоминаете нужный вам телефонный номер?»

РАБОЧАЯ ПАМЯТЬ ИЛИ ЭМОЦИОНАЛЬНАЯ ПАМЯТЬ?

«Ну, – ответила женщина, – я всегда думала образами. Когда я использую своё воображение, то мыслю образами. Поэтому, когда мне нужно вспомнить телефонный номер, он просто появляется передо мной словно на экране».

Далее мы поговорили о том, что ей даётся с трудом. «У меня всегда были проблемы с чтением и письмом», – сказала она.

Неожиданно перед нами встал вопрос: что же это за функция мозга, которая одновременно и способствовала женщине так легко представлять серию цифр, и мешала представлять последовательность букв?

Чем больше задумываешься над этим вопросом, тем более сомнительными кажутся существующие предположения о происхождении дислексии и иных нарушений обучения. Исследования и гипотезы о природе дислексии сложны, разнообразны и их сложно собрать воедино. В поисках первопричины дислексии выдвигались различные теории о неврологических нарушениях, такие как:

- *Теория Гешвинда-Галабурда* о латерализации мозговых функций говорит о том, что повышенный уровень тестостерона в крови матери ребёнка замедляет развитие левого полушария и вызывает такие нарушения обучения, как дислексия и аутизм[59];

---

[59] (Geschwind & Galaburda, 1987)

- *Теория магноцеллюллярного дефицита* Штейна утверждает, что нарушение развития магноцеллюллярных нейронов – клеток, ответственных за восприятие места и движения – ответственно за проблемы с визуальным распознаванием слов при дислексии[60];
- *Гипотеза мозжечкового дефицита* Николсона и Фосетта предполагает, что повреждения мозжечка, нашего «малого мозга», могут замедлить развитие до автоматизма навыков чтения и письма[61];
- *Сбои в нервных системах заднего отдела левого полушария*, наблюдаемые Шейвиц и др. у дислектиков во время чтения.[62]

Иные, например, Ута Фрит, предполагают многослойное сочетание биологических, когнитивных и поведенческих причин дислексии[63]. Некоторые исследователи и писатели, в частности Мэгги Сноулинг,[64] поддерживают гипотезу фонологического дефицита, согласно которой сложности с распознаванием и/или классификацией различных звуков речи лежат в основе проблем, связываемых с дислексией. Можно заметить, как постепенно исследования смещаются от «тыканья пальцем в мозг» к более деликатной сфере

---

[60] (Stein, 2001)
[61] (Fawcett & Nicolson, 2004)
[62] (Shaywitz, et al., 2006)
[63] (Frith & Frith, 1998)
[64] (Snowling, 2000)

РАБОЧАЯ ПАМЯТЬ ИЛИ ЭМОЦИОНАЛЬНАЯ ПАМЯТЬ?

взаимоотношений между мозгом и умом – серым веществом и тем, что им управляет.

И всё же случай позвонившей мне женщины, которой так легко даются номера и так тяжело слова, требует ещё более тонкого подхода. И последовательности букв (например, слово), и последовательности цифр (например, номер телефона) могут быть визуализированы. Люди с образным мышлением, преуспевшие в орфографии, могут рассказать вам, что они «видят» слова в своей голове так же, как женщина могла «видеть» телефонные номера. Что мы можем предположить в отношении человека, который способен визуализировать один набор символов, но не может другой? Дефицитная модель дислексии предполагает, что трудности возникают из-за того, что какая-то часть мозга и/или разума не функционирует должным образом – неужели может существовать такое нарушение, которое позволяло бы представить *1-2-6-9*, но не *д-р-у-г*?

Исследуя эту загадку дальше, мы находим ещё больше аномалий. Например, я встречался с дислектичными дизайнерами, которые могли чётко представить себе дизайн веб-страницы, но не могли представить ряд из пяти букв. Я разговаривал с дислектичным плотником и монтёром, который рассказал мне, что он никогда не использует инструкцию, так как всегда может представить себе, как будет собираться мебель. Однако он не мог представить себе, как будет собираться даже самое простое слово.

Пообщавшись на эту тему с дислектиками, убеждаешься, что очень редко дислексия – это об отсутствующем навыке; гораздо чаще она о навыке, который может быть очень хорошо развит в определённых областях, но в других совершенно неприменим. Это странный набор аномалий и со стороны выглядит так, будто человек умеет ходить только по коврам и паркетам, но не по плитке.

Если это так, значит нам нужно более пристально рассмотреть раздражитель – слово, цифру или другой набор символов – который человек пытается усвоить. Нам нужно понять, чем отличается воздействие одного раздражителя на человека от другого: чем, в случае с телефонным номером, буквенные символы отличаются от цифровых символов. Говоря другим языком, нам необходимо изучить эмоции человека.

Джозеф Леду первым открыл способность миндалевидного тела – мозговой структуры, связанной с реакциями страха и удовольствия – отвечать на внешние стимулы гораздо быстрее, чем это делает «рациональный» неокортекс.[65] В своей книге «*Эмоциональный интеллект*»[66] Дэниел Гоулман использует исследования Леду и других, чтобы объяснить то, как миндалевидное тело подчиняет все

---

[65] (LeDoux, 2002)
[66] (Goleman, 1996)

РАБОЧАЯ ПАМЯТЬ ИЛИ ЭМОЦИОНАЛЬНАЯ ПАМЯТЬ?

остальные части мозга, включая неокортекс, своей установке «бей-или-беги», когда распознаёт раздражитель как угрозу. Из-за этого неокортекс теряет часть своих способностей к нахождению тонких различий и становится более «бинарным» в обработке информации.

Это сравнительно недавнее научное подтверждение того, что мы реагируем эмоциально раньше, чем рационально, стало возможным благодаря недавнему прогрессу в нейровизуализации и двинуло вперёд сразу несколько наук о человеческом мозге. В психотерапии Джо Гриффин и Айван Тиррелл из британского Human Givens Institute бросили вызов Альберту Эллису и его модели «ABC», лежащей в основе когнитивно-поведенческой терапии (КПТ), и гласящей, что наше поведение диктуется нашими иррациональными верованиями[67]. Вместо неё Гриффин и Тиррелл предложили модель «APET», выдвинув гипотезу о том, что внешний раздражитель (A – активирующий компонент, англ. *activating agent*) быстро категорируется (P – подбор образца, англ. *pattern-matched*), после чего обрабатывается миндалевидным телом (E – эмоции, англ. *emotions*) и только после этого нашим сознанием (T – мысль, англ. *thoughts*).[68] Новая парадигма «мы чувствуем, прежде чем думаем» неявно проявила себя в принципах инновационной дисциплины поведенческой экономики. Так, в книге

---

[67] (Ellis, 1957)
[68] (Griffin & Tyrrell, 2001)

«*Предсказуемая иррациональность*» поведенческий экономист Дэн Ариэли бросает вызов представлению традиционного экономиста о том, что наше рациональное мышление определяет наши экономические решения. Используя тему доктора Джекилла и мистера Хайда как метафору, Ариэли заявляет, что каждый из нас является «агломерацией множества Я», и что мы можем принимать разные решения в зависимости от уровня нашего эмоционального возбуждения.[69]

При этом работа Леду и Гоулмана о взаимосвязи между эмоцией и мыслью практически никак не повлияла ни на устои педагогической психологии, ни на принципы изучения трудностей в обучении. Настало время для того, чтобы это изменить. Рассматривая символы поверхностно, сложно найти в букве *z*, знаке + или формуле квадратного уравнения что-то, что могло бы вызывать какие-либо эмоции. Однако обучение, как мы знаем, является усвоением смысла, а отсутствие смысла вызывает чувство замешательства. Понимание того, как замешательство влияет на восприятие, открывает нам совершенно новый взгляд на нарушения обучения и то, как с ними работать.

В обучении смысл может быть определён как понимание соотношения изучаемого предмета с предыдущим опытом ученика. Если понимание успешно достигается, элемент знаний усваивается в

---

[69] (Ariely, 2008)

РАБОЧАЯ ПАМЯТЬ ИЛИ ЭМОЦИОНАЛЬНАЯ ПАМЯТЬ?

матрице существующего опыта. Говоря иначе, он ассимилируется в личности ученика, являясь главным фактором её роста.

Когда же мы встречаем знание или идеи, которые никак не связываются с нашей существующей матрицей опыта, мы впадаем в замешательство. Замешательство – это чувство, которое мы испытываем, встречаясь с чем-то неизвестным для нас. Говоря иначе, мы не можем разместить это «что-то» в существующей системе наших знаний и опыта.

Что ещё более важно, замешательство – крайне неприятное чувство, близкое к чувству опасности. Представьте, насколько угрожающим нам кажется звук в темноте или движение в кустах, когда мы не можем увидеть их источник. Когда мы в достаточной степени ощущаем замешательство, это с высокой вероятностью возбуждает наше миндалевидное тело, а оно, в свою очередь, влияет на наши когнитивные функции.

Всё это лишь очень заумный способ сказать, что одни стимулы в процессе обучения легко ассимилируются и сохраняются, в то время как другие лишь замутняют ум. У женщины, случай которой мы разбирали в начале главы, буквы вызывали замешательство, а оно - когнитивные искажения, в то время как цифры воспринимались совершенно нормально. Поэтому она не могла писать грамотно, но с легкостью запоминала телефонные номера. Дислектики во время чтения и письма испытывают замешательство. Все решили, что дислексия является причиной, а замешательство её следствием. Однако, учитывая всё, что мы сейчас знаем о миндалевидном теле и её воздействии на когнитивные функции, можно предположить, что на самом деле всё в точности наоборот: эмоция замешательства вызывает симптомы дислексии.

Дейвис разработал простую модель того, как замешательство приводит к ошибкам и искажениям, которые мы определяем, как дислексию. Как вы могли заметить в предыдущей главе, Дейвис использует термин *дезориентация* для описания психического состояния, в котором мозг замыкается на себе и создаёт собственную альтернативную реальность. Дезориентация – естественная реакция на состояние замешательства: когда разум понимает, что подвергается воздействию непонятного ему раздражителя извне, он может использовать дезориентацию как способ экстренного решения проблемы, прогоняя все варианты ответа на вопрос «что это может быть?», пока не находит один подходящий.

То есть в состоянии дезориентации мы воспринимаем своё воображение так, словно это реальность. Когда мы сидим в стоящем поезде и видим движущийся поезд на соседних путях, мы ощущаем себя так, будто на самом деле движемся. На долю секунды наши глаза говорят нам, что мы движемся, в то время как тело говорит, что стоим на месте. Дезориентация синтезирует ощущение движения, чтобы разрешить противоречие. Мы лжём сами себе, но это ложь во благо: дезориентация предоставляет нам ответ, пусть даже и ложный, но совершение в экстренной ситуации ошибки лучше, чем парализующее замешательство, когда мы не находим ответа вообще.[70]

Не так давно я работал с четырнадцатилетней девочкой по имени Эмма. Эмма была ученицей школы, в которой я давал индивидуальные уроки особого образования. Она была амбидекстром и могла одинаково хорошо писать обеими руками. Когда мы начали работать, концепции *лево* и *право* не имели для неё никакого смысла, потому что она не ощущала никакой разницы между левой и правой половинами своего тела. После долгой и кропотливой работы, я помог ей освоить эти понятия с помощью различных методик Дейвиса: техники фокуса и баланса; упражнения по улучшению восприятия собственного тела; упражнения с перебрасыванием мяча (Эмма должна была назвать руку, которой ловит мяч). Также применялся процесс моделирования из пластилина, базирующийся на Освоении символов Дейвиса и технике, разработанной Иоаннисом Тзиванакисом.[71]

Сейчас Эмма настолько хорошо умеет определять лево и право, что ей более не требуются упражнения во время наших уроков, которые мы проводим два раза в

---

[70] (Davis, 1985)
[71] (Tzivanakis, 2003)

неделю. Она хорошо ориентируется в физическом пространстве и успешна в спорте. Тем не менее, когда дело доходило до мира символов – букв, цифр, слов – она была склонна их зеркалить, и решение этой проблемы заняло огромное количество сил и времени. Она могла написать цифру 3 как «Ɛ», 13 как «Ɛ1», *diamond* как «*mybunb*», собирая в одном слове грамматические ошибки, перестановку букв, их зеркальное написание и так далее.

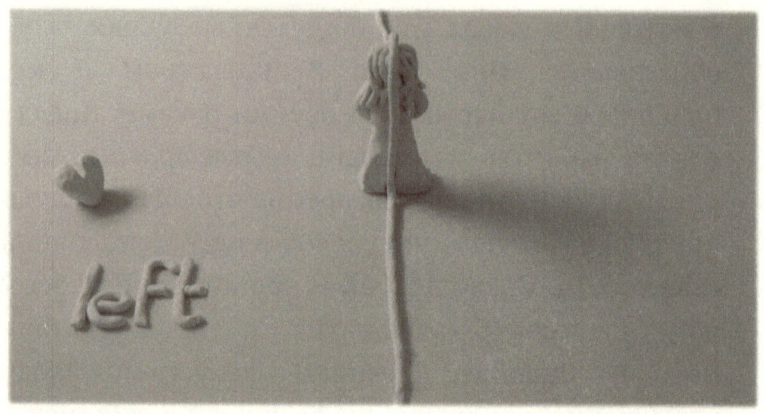

Рис. 14: Техника освоения концепции «лево» Дейвиса-Тзиванакиса. Пластилиновая модель, сделанная ученицей, представляет её саму и поставлена к ней спиной, чтобы левая сторона модели совпадала с левой стороной ученицы

Недавно Эмма работала над стабильностью мысленных образов некоторых строчных букв, вызывавших у неё замешательство. Мы использовали креативную адаптацию техники Освоения алфавита Дейвиса: Эмма сделала из пластилина алфавит и пыталась представить его буквы, закрыв глаза. Она сообщила мне, что испытывает дезориентацию, представляя некоторые из них: «Я ощущаю себя так же, как когда оступаюсь мимо ступеньки, спускаясь вниз по лестнице».

Рис. 15: Техника освоения алфавита Дейвиса

Все буквы, провоцировавшие эту реакцию, были асимметричными: *q, p, k, j, g*. Это были те буквы, которые Эмма часто писала отзеркаленными. Она смогла решить конфликт с этими буквами, проработав каждую из них следующим образом: сначала она закрывала глаза и представляла букву, а затем открывала глаза и «проецировала» образ буквы на альбомный лист бумаги, после чего писала поверх своего мысленного образа маркером, создавая несколько увеличенных версий этой буквы, пока процесс её написания не становился уверенным и автоматическим.

Этот процесс работал, пока мы не достигли буквы *е*. Эмма повернула её в обратную сторону, написала её наоборот и возмущённо сказала: «*Почему это не может быть е, когда она повёрнута вот так?*» Эмма привела в пример ее телефон: «*Мой телефон остаётся моим телефоном вне зависимости от того, смотрю я на него спереди или сзади; почему же с буквой всё не так?*» Постепенно она смирилась с идеей того, что идентичность буквы формируется не только самим символом, но и стороной, с которой мы смотрим на букву. По мере обсуждения с ней этой идеи я понял, насколько инопланетной она кажется Эмме. Представьте, что у вас есть друг, которого надо звать «Джон», если вы смотрите на него справа, и «Фред», если вы смотрите на него слева. По сути, именно это мы ждём от детей, когда говорим им о необходимости различения *д* и *б*, или *ш* и *т*. Неудивительно, что самые своенравные и любознательные из детских умов восстают против таких правил.

Несколько лет назад я работал с пятнадцатилетним мальчиком по имени Люк, у которого были проблемы с чистописанием. Я попросил Люка вылепить из пластилина алфавит и провёл с ним Освоение алфавита Дейвиса. Согласно этой технике он смотрел на каждую букву, касался её и называл, используя технику Ориентации Дейвиса, чтобы отслеживать в ходе выполнения процедуры своё состояние.

РАБОЧАЯ ПАМЯТЬ ИЛИ ЭМОЦИОНАЛЬНАЯ ПАМЯТЬ?

> Когда он достиг буквы *i*, то сообщил о странном ощущении бездыханности. Я спросил его, испытывал ли он это чувство раньше. Он задумался на секунду и ответил: «*Однажды, когда мне было шесть, я лежал на своей койке и листал книжку. Внезапно я потерял равновесие и свалился с кровати. Она была двухъярусной, и я лежал на верхней койке. Когда я упал, то сильно ударился и у меня перехватило дыхание*». Он также сказал мне, что его проблемы сосредоточены вокруг вертикальных линий в таких буквах как *i, j, k, l* и т.п. Он сказал, что пишет букву *i* как простую петлю, не придавая ей практически никакой высоты.
>
> Насколько бы сумасшедшей ни казалась нам эта ассоциация, мы решили принять эту версию как рабочую. Узнав источник неприятного ощущения, Люк смог отделить его опыт падения с кровати от букв на листе. К концу дня, после краткого урока чистописания, Люк уже мог плавно и уверенно писать, что поразило и его самого, и его маму, приехавшую в конце учебного дня.

Когда такие тонкие проблемы встраиваются в базовые символы нашего письменного языка, ощущение замешательства передаётся дальше, в более сложные конструкции, использующие эти символы. Если вы не уверены в различиях между *д* и *б*, то как вы можете с уверенностью читать слова *беда, будильник, будущее*? Дрожь замешательства незримо влияет на все процессы мышления и запоминания, связанные с этими словами.

Воздействие замешательства на мышление и запоминание становится заметным, когда мы пытаемся понять концепцию рабочей памяти. Рабочая память - это полезный теоретический конструкт, изначально разработанный Аланом Бэддели и Грэхемом Хитчем[72] в семидесятых годах прошлого века в качестве способа понимания того, как многочисленные элементы информации хранятся в кратковременной памяти и используются в мыслительном процессе – например, когда мы решаем уравнение в уме или ищем ответ на загадку. Он предполагает, что у каждого индивида есть свой фиксированный объём рабочей памяти, который вне зависимости от задания остаётся неизменным.

Однако растёт количество свидетельств того, что рабочая память постоянно меняется. В 2007 году Эшкрафт и Краус установили, что люди, ощущающие тревогу при решении математических заданий, продемонстрировали ограничения рабочей памяти, когда их просили выполнить сложение столбиком одновременно с заданием по запоминанию букв.[73] Исследователи пришли к выводу, что высокая степень тревоги нагружает рабочую память так же, как дополнительное задание, потребляя её ресурсы и

---

[72] (Baddeley & Hitch, 1974)
[73] (Ashcraft & Jeremy, 2007)

РАБОЧАЯ ПАМЯТЬ ИЛИ ЭМОЦИОНАЛЬНАЯ ПАМЯТЬ?

оставляя человека с пониженной ёмкостью рабочей памяти на выполнение самого задания.

Если рабочая память уязвима к тревоге, становится резонно предположить, что она также уязвима к замешательству. Если это так, то логично ожидать перемены в объёме рабочей памяти, возможно крайне существенные, в зависимости от природы того, что в неё пытаются поместить. Именно это я наблюдал на собственном опыте. Как диагност, я видел значительные перемены в показателях человека при прохождении различных подтестов из одного набора тестов на рабочую память. Чтобы иметь более полное представление об этом феномене, я собрал результаты двадцати одного подростка, чью рабочую память тестировал на протяжении двух лет, используя пять подтестов из второго издания «Теста памяти и обучения» Рейнольдса и Биглера[74]. Использованными подтестами были: запоминание цифр в прямом порядке; запоминание букв в прямом порядке; повторение жестов; запоминание цифр в обратном порядке; запоминание букв в обратном порядке. Таблицу результатов вы можете увидеть на следующей странице:

---

[74] (Reynolds & Bigler, 2007)

ПОЧЕМУ *ТИРАННОЗАВР* НО НЕ *ЕСЛИ*?

Ученик	Цифры вперед	Буквы вперед	Повтор жестов	Цифры обратно	Буквы обратно
A. B.	10	10	13	10	14
A. Y.	5	12	12	13	14
A. T.	10	9	14	11	10
C. E.	5	9	7	14	12
D. R.	11	11	12	12	12
E. B.	11	7	13	10	7
E. G.	12	7	13	10	14
E. K.	4	8	8	9	8
E. M.	8	6	11	9	8
J. C.	8	7	11	13	10
J. D.	7	9	9	8	8
J. F.	7	5	6	8	8
L. C.	5	8	12	9	11
L. M.	9	9	9	9	8
M. H.	10	7	12	6	9
N. G.	6	8	12	9	10
R. C.	6	9	14	7	8
V. K.	6	6	6	7	7
V. V.	7	5	11	9	6
W. G.	14	12	12	8	8
W. L.	10	11	9	9	11

Приведённые в таблице очки являются так называемыми масштабируемыми очками – стандартизированной возрастной системой, в которой 10 - это средний показатель, 7 – нижняя граница среднего, а 13 – верхняя. Цветовое выделение диапазонов открывает перед нами поразительную картину. A. Y. и C. E. ужасны в запоминании цифр в прямом порядке, но отлично показывают себя в том же самом тесте с буквами. E. B. демонстрирует такую же структуру наоборот. R. C. не может работать с цепочкой цифр, но цепочку жестов он повторяет на отлично. Только D. R., L. M. и V. K. стоически монохромны на протяжении всех пяти тестов.

Необходимо дополнительно исследовать, как на способность к обучению влияет эмоциональное отношение человека к тому, что он изучает. Нам нужно выбросить идею «превозмогания себя» из школы и поощрять развитие самосознания в учениках. Необходимо разработать структуру, которая позволит нашим детям исследовать собственные чувства и реакции на новые элементы обучения, особенно в раннем возрасте. Внимательный подход к обучению может дать нам системы раннего распознавания чувства замешательства, в то время как мультисенсорные техники, использующие креативность учеников, смогут заменить его на чувства уверенности и обладания навыком.

Освоение алфавита Дейвиса показывает нам, как это может быть реализовано. По завершении процесса гордый дислектичный ребёнок (или взрослый) может назвать все буквы алфавита в прямом и обратном порядке с закрытыми глазами – не с помощью тупого заучивания, но с помощью создания устойчивого мысленного образа каждой буквы, одной за другой, в чёткой последовательности. Что в точности делает эта процедура – улучшает рабочую память или обходит её ограничения, дотягиваясь до долговременной памяти в обход рабочей – вопрос для нейропсихологов. Главное здесь то, что она показывает нам на живом примере то, что при правильном внешнем и внутреннем окружении, правильном процессе и правильных *взаимоотношениях* с каждым встреченным раздражителем даже ученики, у которых были диагностированы ограничения рабочей памяти, могут осознанно удерживать в голове большие объёмы информации и точно её воспроизводить.

Часть вторая этой книги описывает целый набор техник, обеспечивающих устойчивое, стабильное обучение.

Часть II — тираннозавр на свободе

Глава 8: Стратегии обучения по методу Дейвиса

Методы Дейвиса были разработаны Рональдом Деллом Дейвисом после его прорыва в борьбе с собственной тяжёлой дислексией в 1980 году, когда Дейвису было тридцать восемь лет. После периода длительных независимых исследований и работы со специалистами множества различных направлений, Рон Дейвис и доктор Фатима Али в 1982 году открыли Совет по исследованию чтения (Reading Research Council) в Берлингейме, Калифорния, который начал предоставлять индивидуализированные программы коррекции дислексии для детей и взрослых.

В 1994 году Дейвис опубликовал первое издание своей книги *Дар дислексии – почему некоторые из умнейших людей не умеют читать... и как они могут этому научиться*. Книга вскоре была переведена на несколько других языков, а для предоставления по всему миру профессиональных тренингов по методикам Дейвиса была основана Международная ассоциация дислексии Дейвиса. Сейчас несколько сотен методистов Дейвиса предоставляют услуги на более чем тридцати языках в пятидесяти странах мира. Программа дислексии Дейвиса была разработана как личная интенсивная программа для детей от восьми лет и взрослых. Базовые идеи, заложенные в Программе дислексии Дейвиса, были продолжены в отдельных, адаптированных программах для освоения внимания, математики и аутизма.

В начале девяностых годов к Рону Дейвису обратилась Шерон Пфайфер - учительница начальной школы из Сан-Франциско. Она просила посоветовать ей способ облегчить учебный процесс для школьников с трудностями обучения. Успешность практического применения советов Дейвиса, прочувствованная на собственном опыте, подтолкнула Пфайфер к вступлению в Совет исследования чтения. Начав глубже исследовать подход Дейвиса к обучению, она сохранила связи со своей школой и другими школами округа, обучая уже своих коллег базовому подходу Дейвиса. Её деятельность привела к разработке Стратегий обучения Дейвиса, подходу к обучению чтению для всего класса, сфокусированного на самых важных педагогических принципах, изложенных в первой части этой книги. Трёхлетнее предварительное исследование показало впечатляющее воздействие

Стратегий, которые одновременно предотвращали нарушения обучения и повышали уровень способных и талантливых учеников в тестовых классах, о чём подробнее говорится в пятой главе этой книги.

> В 1994 году жизнь моего сына перевернулась, когда мы впервые провели пару простых упражнений из книги Рона Дейвиса *Дар дислексии*, только изданной на тот момент. Спустя годы безуспешных попыток, слёз, фрустрации и злости, проблемы моего сына с чтением будто волшебным образом развеялись уже через час после того, как мы начали делать первое описанное в книге упражнение. Боль чтения сменилась радостью открытий, когда мой сын с нетерпением ждал возможности попрактиковать свои новые навыки. Одиннадцатилетний мальчик, которому был сложен материал третьего класса, после пары месяцев практики стал жадным читателем более высокого уровня, чем средний показатель для его возраста.
>
> Я была глубоко восхищена и поражена столь быстрыми изменениями, но вскоре столь же глубоко разочарована, узнав, что множество педагогов относятся к этому подходу скептически, несмотря на пятнадцатилетний успешный опыт работы Рона Дейвиса, предшествующий первому изданию его книги. Плодотворные результаты работы Рона Дейвиса были отклонены множеством

> педагогов и организаций по поддержке людей с дислексией из-за его инновационного подхода.
>
> Эбигейл Маршалл,
> Веб-мастер и директор информационных услуг
> Международной ассоциации дислексии Дейвиса

Подход Дейвиса опирается на использование умственных талантов, присущих дислексичным людям и многим другим испытывающим трудности ученикам, для преодоления их проблем с обучением. Вместо зубрёжки и повторения подход фокусируется на качестве одной осмысленной единицы познавательного опыта, известного в подходе Дейвиса как *освоение*. Ключевыми элементами освоения являются:

- **Состояние расслабленной бдительности.** Мозг ученика должен пребывать в состоянии, в котором его восприятие наиболее точно, а стресс отсутствует. В подходе Дейвиса ученики получают осознанный контроль над остротой своего восприятия через набор умственных техник, имеющих определённое сходство с осознанностью (mindfulness);
- **Активное обучение**, основанное на личном опыте. Для получения познавательного опыта ученик должен быть вовлечён в собственное творение. Это достигается с помощью комбинации активной визуализации и использования мультисенсорной среды - в основном, пластилина;

- ***Семиотический подход к обучению***, объединяющий символ и смысл в единый опыт. Говоря простым языком, слова, цифры и прочие символы осваиваются вместе с содержащимся в них смыслом.

> Дорогой Ричард,
>
> Я думаю будет правильным поделиться с Вами информацией об Иден Трейнор, с которым Вы работали несколько лет назад. Иден пришёл к Вам со своей матерью Линн и провёл неделю, работая с Вами и Вашими коллегами, чтобы разработать стратегии для одновременного понимания и разрешения проблем, вызванных его дислексией.
>
> Иден тогда совершенно отстранился от школы и получал плохие оценки. Тем не менее, за год работы с Вами он быстро поднялся в «топы» класса практически по всем предметам, включая английский, и получил хорошие результаты по GCSE[75]. Перейдя в старшую школу, Иден доказал нам, что может фокусироваться на предметах, которые ему нравятся, и с толикой поддержки может достигать прекрасных результатов в учебе.
>
> Недавно он получил шанс изучать физику в Колледже Святой Екатерины при Университете

---

[75] GCSE – вид школьной квалификации в Соединённом Королевстве, который школьники проходят в возрасте шестнадцати лет. Он схож по структуре с получением аттестата старшей школы, несмотря на то, что GCSE сдают раньше.

> Оксфорда. Сейчас Иден показывает отличные результаты по математике, основам матанализа и физике. Мы ожидаем, что он получит оценки, которые позволят ему продолжить обучение в Оксфорде.
>
> Я, моя жена и сам Иден признали, что основным поворотным моментом в жизни Идена была работа с Вами и Вашими коллегами. Мы бесконечно Вам благодарны и желаем, чтобы Вы разделили нашу радость и воодушевление от успехов Идена, а также почувствовали ту ключевую роль, которую Вы сыграли в его жизни, кардинально изменив её к лучшему.
>
> Спасибо Вам и Вашей команде.
>
> – Ник Трейнор
>
> [Иден прошёл у меня Программу Дейвиса по дислексии в 2007 году]

Методы Дейвиса используют стандартизированные программы с фиксированным набором ключевых ингредиентов. Наряду с этим, они являются прочным фундаментом, на котором педагоги в различных контекстах обучения могут создать свои индивидуальные надстройки с учетом потребностей всех обучающихся. Основные принципы, выделенные выше, вместе с практическими познаниями о некоторых ключевых техниках могут предоставить учителю инструментарий для одновременной поддержки детей с трудностями обучения и повышения уровня и без того способных учеников.

Дальнейшие главы этой книги опишут некоторые ключевые техники Дейвиса и способы их возможного применения, покажут, как и где можно узнать о них больше, а также предложат несколько примеров образовательных модулей, демонстрирующих креативное применение ключевых принципов Дейвиса. Эти модули были разработаны для применения в контексте личного особого образования, но их легко можно адаптировать для условий работы со всем классом.

> В 2013 году я изучала Стратегии обучения Дейвиса. Меня впечатлили практики, используемые в Стратегиях: при легкости и простоте их применения, результат воздействия на учеников был поразительно эффективен. В 2014 году я завершила обучение как методист Дейвиса. В этот же год в моей школе было 4500 учеников, из которых по меньшей мере десять процентов испытывали трудности с обучением. Я физически не могла работать со всеми учениками, которые находились в разных классах. С помощью школьного руководства и особенно директора - мистера П. Р. Кришны, мы запустили «секцию Индиго» для всех учеников с первого по седьмой класс, с проблемами освоения школьной

программы. Секции Индиго стали образцовыми классами, где для передачи всех основных концептов использовались Стратегии обучения Дейвиса.

Сейчас, в начале третьего года нашего рандеву со Стратегиями обучения Дейвиса, мы можем поделиться полученным невероятным опытом. Первая группа из одиннадцати учеников седьмого класса, проходившая обучение с использованием Стратегий, уже поступила в десятый, успешно сдав все экзамены. Десять из одиннадцати школьников получили более семидесяти баллов на вступительных экзаменах в среднюю школу.

Статистика успеваемости учеников за три года обучения показала, что все дети из секции Индиго улучшили свои читательские навыки как минимум на один-два уровня в год. Продолжительность фокусировки их внимания возросла, и они стали лучше понимать концепции. У них улучшилось критическое мышление и умственные способности. Они вступили в секцию Индиго с низкой самооценкой и проблемами с поведением, а покинули её с невероятной уверенностью, самоконтролем и способностью мыслить независимо.

Инструменты умственной саморегуляции – Разрядка, Фокусировка и Настройка энергии, помогли не только ученикам, но и учителям. Они научились снимать стресс, используя Разрядку, поддерживать свою мотивацию с помощью Фокусировки и повышать потенциал с помощью Настройки энергии. Множество детей передали инструменты Стратегий обучения своим родителям.

Сейчас в LMOIS 115 обученных по Стратегиям обучения преподавателей, три наставника и два лицензированных методиста Дейвиса.

Я твёрдо уверена, что Стратегии обучения Дейвиса помогают ребенку целостно расти. Они не только помогают ему преуспеть в обучении, но и взращивают как личность, учат мыслить независимо.

Я навсегда сохраню свою благодарность Рону Дейвису за создание столь поразительных инструментов.

С наилучшими пожеланиями,

Прити Венкатесан

Глава департамента особого образования, методист Дейвиса и наставник Стратегий обучения Дейвиса

Международная школа Lalaji Memorial Omega International School (LMOIS),
Ченнаи, Индия

Глава 9: Активизируя мозг – стратегии фокусировки Дейвиса

Мы, педагоги, часто оказываемся в ситуации, когда нам нужно попросить ученика «сконцентрироваться». Но что, если ученик спросит вас в ответ: «как это?». Обычное образование учителя не даёт нам никаких инструкций, как надо отвечать на такой вопрос. Стратегии фокусировки Дейвиса, в свою очередь, дают.

Стратегии обращаются к трём разным аспектам фокусировки:

- *Процедура Разрядки* показывает ученикам, как избавиться от физического и психического стресса, включая негативные эмоции, которые могут повлиять на обучающий процесс;

- ***Процедура Фокусировки*** обучает учеников осознанно переключаться между креативным, настроенным на решение проблем режимом мышления, когда мозг замыкается на самом себе – известном в методах Дейвиса как *дезориентация* – и воспринимающим режимом, в котором мозг точно воспринимает окружающую его реальность – известным в методах Дейвиса как *ориентация*. Ориентация при этом укрепляется с помощью упражнений, делающих упор на физический баланс и зрительно-моторную координацию;

- ***Процедура Настройка шкалы*** обучает учеников регулировать свою личную энергию на оптимальный для выполнения задания уровень. Ведь, как известно, занятие физкультурой требует более высокий уровень энергии, чем большая часть школьных занятий, а для художественного творчества может потребоваться целый набор различных энергетических уровней в зависимости от того, требует оно для своего выполнения большей энергичности или большей точности и спокойствия.

Эта глава даёт инструкции для выполнения процедуры Разрядки Дейвиса. Вместе с моими учениками я успешно использовал её отдельно от прочих техник Дейвиса как стратегию для борьбы с тревожностью, усталостью и перевозбуждением. Ниже я привожу краткую, упрощённую версию процедуры, которую можно практиковать всем классом в реалиях средней школы. Преподаватели, желающие получить более глубокую версию процедуры Разрядки, для применения ее в индивидуальных занятиях, могут обратиться к книге *Дар дислексии* Рональда Дейвиса и/или принять участие в семинаре-тренинге, который проводит ваше местное отделение Ассоциации Дейвиса. Дар дислексии также включает инструкцию для проведения индивидуальных процедур Фокусировки и Настройки, известных как Помощь в ориентации и Выравнивание.

Процедура разрядки Дейвиса
(для использования в классе)

Подготовка:

Обсудите всем классом, что значит выдох. Объясните детям, что это должен быть слышимый звук, вроде «ах». Без звука это просто выдох.

Процедура:

Пусть ученики усядутся поудобнее и закроют глаза.

Скажите им:

Сядьте на своём стуле поудобнее.

Закройте глаза.

Вдохните... Задержите на пару секунд дыхание.... Позвольте воздуху выйти через ваш рот со звуком «ах».

Вздохните ещё раз и почувствуйте его всем телом, вплоть до кончиков пальцев.

Сделайте ещё один вздох и пропустите его чувство через всё тело.

Задержите это ощущение в своём теле.

Это чувство называется Разрядкой.

Откройте глаза.

Подумайте о Разрядке и почувствуйте её.

Авторское право © 1999, 2004 Международная ассоциация дислексии Дейвиса. Все права защищены. Воспроизводить только с разрешения правообладателя.

Что необходимо помнить:

- Чтобы помочь задать настроение на учёбу, может быть полезно провести с классом Разрядку перед уроком и/или после перемены.

- Разрядка может служить переходом между различными занятиями на протяжении учебного дня.

- Некоторые ученики поначалу могут стесняться издавать звук на выдохе, как того требует процедура. Объясните им, что после определенной практики можно будет добиваться разрядки и без выдоха. Объясните, что на этапе обучения процедуре Разрядки произносимый звук создает вибрации голосовых связок и играет важную роль в распространении чувства Разрядки в области груди.

ЛАБОРАТОРИЯ СЛОВА – ОСВОЕНИЕ СИМВОЛОВ ДЕЙВИСА

- В будущем вы можете просто просить ученика «сделать Разрядку» всякий раз, когда замечаете, что он излишне напрягается, концентрируется или слишком усердно старается.

- Научите учеников выполнять Разрядку трижды: когда они злятся, боятся или чувствуют фрустрацию в классе или на детской площадке.

- Используйте ее на индивидуальных занятиях с учениками, когда они говорят, что устали или больше не хотят выполнять что-либо.

- Используйте разрядку во время проведения тестов.

Глава 10: Лаборатория слова – освоение символов Дейвиса

Когда специфическое для предмета слово постоянно вызывает замешательство и дезориентацию у ученика, не креативные или пассивные методы обучения: объяснения, повторения и демонстрации, оказываются неспособны остановить этот процесс и защитить ученика от дезориентации и ошибок. Ученик в таких случаях будет пытаться просто зазубрить то, чему его хотят научить. Мы выяснили, что эти методы обучения требуют множества повторений, времязатратны, не объясняют смысл и концепции символов и имеют потенциал стать источником дополнительного замешательства.

Освоение символов Дейвиса – креативный, исследовательский подход к словам, использующий пластилин и голос ученика для соединения вместе всех трёх частей слова в один познавательный опыт. Как было изложено ранее в первой части этой книги, три части слова это:

- То, как оно выглядит
- То, как оно звучит
- То, что оно значит

Принципы, лежащие в основе этой техники, достаточно прямолинейны: ученик активно создаёт и испытывает ассоциации между всеми элементами слова с помощью:

- Создания модели, описывающей, что слово *означает* (согласно со словарным определением),
- Создания модели, описывающей то, как слово *выглядит* на письме,
- Громкого *произнесения* вслух слова и его смысла.

Пластилин здесь используется для создания модели смысла слова и того, как оно выглядит на письме.

В обычной программе Дейвиса этому подходу обычно предшествует похожая креативная процедура для освоения базовых языковых символов, таких как буквы и знаки препинания. Это особенно важно, когда методы Дейвиса используются для преодоления проблем, связанных с грамотностью, в том числе при дислексии. Преподаватели, желающие получить полное описание этой процедуры для применения ее в индивидуальных занятиях, могут обратиться к книге *Дар дислексии* Рональда Дейвиса и/или принять участие в семинаре-тренинге, который проводит ваше местное отделение Ассоциации Дейвиса.

Почему пластилин?

Креативность является важнейшей частью процесса обучения. Когда что-то познаётся настолько глубоко, что становится частью нас самих, мы можем сказать, что оно освоено. Освоение требует креативности: осознанного, активного вовлечения ученика.

Когда мы создаём что-то в форме запоминания, этим оно и останется – чем-то запомненным. Когда мы создаём что-то в форме понимания, этим оно и останется – чем-то понятым. Но если мы создаём что-то в форме освоения, оно становится частью нас самих: частью нашего интеллекта. Когда что-то осваивается, оно становится частью нашего мыслительного процесса.

Неважно, как часто мы смотрим на то, как кто-то едет на велосипеде и понимаем, что для этого нужно делать, понимание этого не поможет нам удержаться на велосипеде, когда мы сядем на него в первый раз. Освоение езды на велосипеде требует, чтобы мы сели на велосипед и поехали на нём, получая опыт «из первых рук». Нам необходимо самим создать опыт в реальном мире, чтобы освоить его.

Вопрос в том, как нам освоить слово? Мы не можем залезть на него и поехать кататься в парк. Но мы можем создать его в реальном мире.

Когда мы создаём смысл слова из пластилина, мы переносим его смысл в реальный мир.

Когда мы создаём смысл слова из пластилина, а затем добавляем к этому вид слова и его звучание,

> мы создаём слово в реальном мире. Это слово освоено для нас.
>
> – Рональд Дейвис

Введение в Освоение символов для слов

Упражнение по созданию слова

Это упражнение вводит ученика в Освоение символов на словах в креативном и весёлом ключе. Оно объясняет ему идею существования трёх компонентов слова:

1) как оно выглядит,

2) как оно звучит,

3) что оно значит.

ПРОЦЕДУРА

Примечание: если ученик раньше не имел дело с пластилином, сперва дайте ему с ним познакомиться и попрактиковаться в создании трёхмерного объекта, животного и человека.

Скажите ученику:

ЛАБОРАТОРИЯ СЛОВА – ОСВОЕНИЕ СИМВОЛОВ ДЕЙВИСА

1. Создай из пластилина что-то, что является твоим собственным изобретением или фантазией. Это может быть машина, идея, действие, описание, странное животное, что угодно (**концепция**).

2. Придумай ей название (***звуковой символ***).

3. Вылепи из пластилина ее название с помощью букв алфавита; оно может быть написано так, как тебе захочется (***письменный символ***).

4. Скажи модели ее название и что оно означает.

5. Опиши, как слово звучит и как оно пишется.

Ниже приведён пример разговора с учеником, который может состояться после описанной выше процедуры:

Ты только что создал слово, звуковой символ и письменный символ, означающий вещь, вылепленную тобой из пластилина. Ты освоил его, потому что знаешь, что оно означает, как оно звучит и как должно выглядеть.

Конечно, только ты знаешь, что оно означает, как правильно его произносить и как оно правильно пишется. Но что, если ты захочешь научить этому слову кого-то ещё? Просто сказать его им или показать написанное слово будет недостаточно, не так ли? Для полного понимания им потребуется знать, что означают буквы и звуки, которые ты используешь, верно?

Каждый язык состоит из слов, которые кто-то когда-то придумал, точно так же, как это сейчас сделал ты. Так же, как и ты, они начали с идеи или образа, которые были у них в голове, создали для него звук, а затем символы, обозначавшие этот звук. Когда много людей его выучили и согласились, что этот звук и эти символы всегда будут значить одно и то же, они смогли начать общаться, устно и письменно.

В русском языке есть слова, у которых уже есть звуки и буквы, которые все согласились использовать. Их значение и звучание описано в словарях. С Освоением символов ты можешь «создавать» для себя то, что означают эти слова, как они звучат и как они выглядят. Когда ты сделаешь это со всеми словами, которые тебе трудно использовать, читать, писать или понимать, ты узнаешь и поймёшь их точно также, как и созданное тобой слово.

Упражнение по созданию слова и текст © 1995 – Рональд Д. Дейвис, *Дар дислексии*, руководство к семинару. Использовано с разрешения правообладателя.

ЛАБОРАТОРИЯ СЛОВА –
ОСВОЕНИЕ СИМВОЛОВ ДЕЙВИСА

Процедура освоения символов Дейвиса (для слов)

Процедура освоения символов Дейвиса® - это процесс, который можно использовать для освоения любого слова, вызывающего замешательство. Как было сказано ранее, процедура придаёт смысл, звук и вид (написание) слова одновременно в одном месте, напрямую вовлекая креативность ученика в процесс. Это помещает слово в долговременную память ученика – если можно так выразиться, в его личность, – позволяя ему *мыслить этим словом* в любой сфере или дисциплине, его использующей.

Первым шагом будет **найти слово**. В зависимости от слова, для этих целей могут подойти словарь, предметный лексикон, глоссарий в учебнике или онлайн-ресурс. Сперва вам понадобится научить ребёнка пользоваться словарём и/или иными ресурсами. Спустя какое-то время ваш ученик должен стать более самостоятельным в процессе поиска.

Затем ученик должен **произнести слово вслух**. Удостоверьтесь, что он знает, как сказать его правильно, если нет – произнесите его сами, но со временем вам стоит научить ребёнка быть более самостоятельным в поиске правильного произношения слова. Для достижения этой цели можно использовать фонетические символы из словаря или синтезаторы речи (некоторые онлайнресурсы предоставляют возможность прослушать слово, нажав на иконку динамика рядом со словом).

Следующий шаг - **прочтение определения слова вслух.** Когда у слова есть несколько определений, всегда выбирайте только одно. Для понимания процесса верного выбора определений смотрите *подсказки к Освоению символов* ниже. Если ресурс приводит примеры использования слова, прочтите их также вслух сразу после определения.

Затем установите чёткое понимание определения. Это процесс мозгового штурма, который может включать в себя дискуссию и более глубокие исследования слова. Руководство к этому этапу смотрите ниже *подсказки к Освоению символов*.

После того, как ваш ученик может представить смысл слова в своей голове, попросите его **создать пластилиновую модель смысла слова, полученного из определения**. Когда и это сделано, попросите ученика **создать слово из пластилина** и поместить его перед моделью. Слово должно быть выполнено из строчных печатных букв, если только оно не начинается с заглавной буквы согласно правилам.

Заключающим шагом должна стать вокализация учеником всего, что он создал во время процедуры. Попросите его посмотреть на модель и громко проговорить: «**ты [слово], означаешь [определение]**». Например, «*ты напряжение, означаешь состояние чего-то растянутого.*

Затем попросите ученика посмотреть на слово из пластилина и произнести: «**ты слово - [слово]**». Например, «ты слово - *напряжение*».

И наконец попросите ученика закрыть глаза и **представить мысленный образ модели и слова**, которые он сделал из пластилина.

В зависимости от образовательной цели упражнения, может быть рекомендовано пройти также нижеизложенные шаги:

- Пусть ученик **прикоснётся к буквам слова и назовёт каждую из них**, в прямом и обратном порядке, пока не сможет делать это быстро и уверенно.

- Пусть ученик закроет глаза и **произнесёт слово в прямом и обратном порядке**. Предварительно скажите ему, что он может подглядывать тогда, когда не может чётко представить следующую букву слова при произнесении его вслух. Быстро вмешивайтесь и мягко настаивайте на том, чтобы он подсмотрел всякий раз, когда демонстрирует признаки замешательства. Повторяйте, пока ребёнок не научится произносить слово, не подглядывая.

- Пусть ученик **напишет слово**.

- Пусть ученик сочинит несколько предложений и фраз с использованием слова. Если слово специфично для какого-то предмета, вы можете пролистать с ним учебник, найти это слово и проверить, насколько каждый встреченный пример его употребления согласуется с созданной им из пластилина моделью смысла слова.

Проведённое перед началом работы со сложным специфичным словарём освоение знакомого существительного, прилагательного и глагола может помочь ученику:

- Познакомиться с шагами Освоения символов Дейвиса;
- Заметить тонкие различия между различными определениями одного и того же слова;
- Научиться моделировать все компоненты определения слова.

Рис. 16: Освоение символа puppy (англ. щенок): «молодая собака»

Более подробное описание процедуры Освоения символов Дейвиса, включая состоящую из девяти пунктов итоговую диаграмму процесса, можно найти

ЛАБОРАТОРИЯ СЛОВА – ОСВОЕНИЕ СИМВОЛОВ ДЕЙВИСА

в книге *Дар дислексии* Рональда Дейвиса. Более подробная информация о ней можно увидеть в конце данной книги. Там же вы найдете упоминание и о семинарах-тренингах, проводимых вашим региональным отделением Ассоциации Дейвиса, на которых демонстрируется и практикуется процедура Освоения символов.

Подсказки к Освоению символов для специфических словарей

1. Некоторые слова могут иметь несколько определений. Быстро узнать определение, которое относится к слову в нужном учебном контексте – это навык, требующий практики. Например, слово *элемент* обычно имеет несколько определений, и только одно из них относится к химии. Это определение обычно отмечено включением слова *химия* или *химический* в скобках рядом с определением. Важно научиться сканировать список определений на наличие подобных ключевых указателей, которые помогут вам быстро находить нужное определение.

2. Если вы столкнулись с непонятным вам определением, то скорее всего оно содержит слово, которое вы не понимаете или значение которого вы не знаете. Вы можете поискать смущающее вас слово в словаре или найти в ином

словаре более ясное определение понятия. Электронные словари часто позволяют вам переходить к определению непонятных слов одним нажатием и 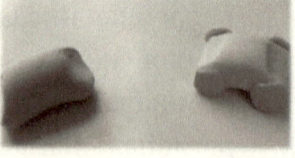 имеют кнопку «назад», которая позволит вернуться к первоначальному определению.

3. Создавайте пластилиновые фигуры и модели более «реалистичными». Это не значит, что они должны быть произведением искусства или точно воспроизводить всё до мелких деталей, но они должны быть трёхмерными и представлять физическую реальность в распознаваемой форме, то есть излишняя абстрактность или символизм не допустимы. Бесформенная кучка пластилина не может представлять машину; она должна быть схожа по форме и оснащена четырьмя колёсами.

4. Пластилиновая модель человека должна быть достаточно большой и крепкой, чтобы стоять самостоятельно. Вы можете сделать человека так: скатать из пластилина цилиндр, надрезать его по вертикальной оси сверху и  снизу, а затем раздвинуть получившиеся половинки так, чтобы получились руки и ноги. Пластилиновый шарик может быть слеплен в форме головы и помещён на получившееся тело. Когда вам нужно показать действие или эмоцию,

у модели должны присутствовать руки и ноги, которые можно сгибать, и голова, на которой можно вырезать выражение тех или иных эмоций.

5. Создавайте стрелочки из пластилина для демонстрации направления или движения, последовательности или связи между разными частями модели.

6. Чтобы показать наличие идеи или мысли, вы можете раскатать «верёвку» из пластилина, и сделать из нее «пузырь» как в комиксах. Одним концом прикрепите веревку к 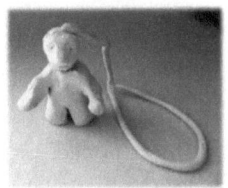 голове пластилинового человечка, а другой - замкните в кольцо и положите на стол. Теперь вы можете поместить мини-модели в полученном кольце, чтобы показать, что происходит в уме человека.

Подобным образом можно сделать голосовые «пузыри», которые используются для демонстрации того, что человек произносит. В таком случае длинный конец веревки крепится ко рту модели.

7. Лепите строчные буквы из пластилина. Они должны быть в простом, печатном варианте,

таком же, какой используется в книгах. Начинайте слово с заглавной буквы только тогда, когда эта буква в этом слове всегда заглавная (например, если это имя собственное). Проверяйте, правильно ли вы написали слово, после того, как вы его вылепили.

Красивый, но глупый солдат Пиргополиник является главным героем комедии *Хвастливый солдат* римского писателя Тита Плавта (*Miles Gloriosus*)

8. Если определение выглядит сложным или запутанным, возьмите перерыв. Посмотрите в окно, постойте минуту или разомните руки. Проведите Разрядку.

9. Вне зависимости от того, проводите вы Освоение символов для себя или помогаете кому-то, превращайте это в познавательный опыт. Иногда ошибаться и неправильно понимать вещи совершенно нормально. Совершать ошибки – один из лучших способов научиться.

10. Превратите Освоение символов в игровое, весёлое занятие. Слова могут быть паззлами, а каждое определение их элементом или подсказкой для их

расположения.

ПОДСКАЗКИ К ОСВОЕНИЮ

(для последних шагов вокализации процедуры)

* Удостоверьтесь, что ученик смотрит только на модель и слово во время их освоения.
* Воодушевите ученика опознать и указать каждую часть определения, представленного его моделью и произнесённым им вслух её смыслом.
* Воодушевите ученика поразмышлять над точностью смоделированного определения, спрашивая «какая часть модели представляет тебе …?»

Наслаждайтесь! Успехов в этом увлекательном освоении!

Совокупный: цельная форма, образованная комбинированием нескольких отдельных элементов

Источник: Оксфордский словарь

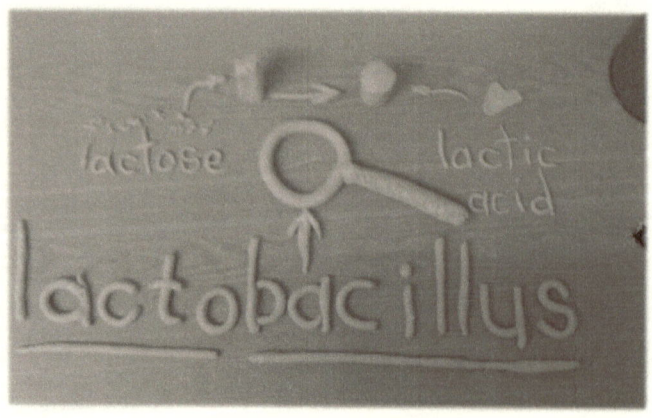

Лактобацилла: бактерия, имеющая форму палочки, производящая молочную кислоту и встречающаяся в молоке.

Взято с www.britannica.com

ЛАБОРАТОРИЯ СЛОВА – ОСВОЕНИЕ СИМВОЛОВ ДЕЙВИСА

Почему *тираннозавр* но не *если*?

Как было рассказано в первой части книги дислектичные ученики часто запинаются на простых соединительных словах вроде *если*, *когда* и *как*. Несколько сотен схожих слов дезориентируют дислектичных людей, потому что их смысл сложно представить.

В стандартной программе Дейвиса ученики узнают, как осваивать эти слова, используя технику Освоения символов Дейвиса. Для дислектичных людей освоение этих слов является ключевым шагом на пути к навыку лёгкого и точного чтения. Преподаватели, желающие узнать больше об этом процессе, могут найти дополнительную информацию в книге *Дар дислексии* Рональда Дейвиса и/или приняв участие в семинаре-тренинге, проводимом вашим региональным подразделением Ассоциации Дейвиса.

Глава 11. Конец войнам чтения

«Чтение по буквам» – точный аналитический способ чтения для обладателей наглядно-образного мышления.

В пятой главе мы подробно рассмотрели причины того, почему способность распознавать прямую последовательность букв в слове является более фундаментальным навыком чтения, чем фоническая расшифровка или техника распознавания «целого слова». Целое слово распознается с уверенностью только тогда, когда все его составные элементы точно распознаны и обработаны. Логика диктует нам, что точное распознавание последовательности букв слева направо является обязательным базисом для фонической расшифровки; человек не может верно расшифровать слово *кит*, если его мозг обработал его как *тик*.

«Чтение по буквам» и следующая за ней техника «промети глазами – промети глазами – прочитай по буквам» являются набором визуально-пространственных техник чтения по методам Дейвиса, которые вместе могут увеличить точность распознавания слов у читателей, не преуспевших в обучении по традиционным фоническим методам. Для начинающих читателей они становятся полезным предшественником для фонических методов, прочной основой в виде точного распознавания последовательности букв, на которой будут построены навыки фонической расшифровки.

Две карточки размещаются на развороте книги: одна под читаемой строкой, другая на её правой стороне. В «чтении по буквам» помощник двигает верхнюю карточку, открывая букву за буквой, пока ученик проговаривает вслух названия (не звучание) букв. Когда слово пройдено, помощник произносит его целиком и ученик повторяет его. После небольшого перерыва, ученик берётся за карточку, и, если он узнаёт слово после прочтения последней буквы, он может произнести его вслух, не дожидаясь помощника.

Роль помощника здесь в том, чтобы поддерживать стабильный темп чтения и своевременно подсказывать неизвестные ученику слова. Благодаря этому ученик может сфокусироваться на чтении и не заниматься угадыванием. Возникающее при этом чувство неопределённости будет мешать обрести дислектичному ученику столь нужную ему уверенность в собственной способности читать.

Как только ученик освоился с «чтением по буквам» и научился распознавать большую часть слов самостоятельно, он может перейти к технике «промети глазами – промети глазами – прочитай по буквам». В этом упражнении ученик открывает целое слово, «прометая» его глазами слева направо. Если распознаёт слово, то произносит его вслух; если нет, то снова закрывает его карточкой и повторяет упражнение. Если ученик не может распознать слово после двух попыток, он возвращается с этим словом к «чтению по буквам», в конце которого помощник произносит слово и ученик повторяет его.

Теоретическое обоснование этих упражнений можно найти на www.dyslexia.com/articles/SERIOLandSpellReading.pdf. Для дислектичных учеников рекомендовано применять их в контексте прочих методов Дейвиса для увеличения эффективности занятий. Больше подробностей об этих техниках и их положении в стандартной программе Дейвиса можно найти в книге *Дар дислексии* Рональда Дейвиса и на семинарах-тренингах, проводимых Ассоциациями Дейвиса.

Важно: сессии «чтения по буквам» и «промети глазами – промети глазами – прочитай по буквам» **утомляют** *ученика. Они не должны занимать более пяти минут в течение одного занятия.*

«Пунктуация в образах» – мощный инструмент для усвоения прочитанного.

«Пунктуация в образах» - это простая техника Дейвиса, повышающая уровень понимания и качество запоминания прочитанной информации. Принципы, лежащие в основе данной техники, довольно прямолинейны:

- Знаки препинания – точки, восклицательные знаки, вопросительные знаки, двоеточия, точки с запятой и иногда запятые – обозначают в тексте конец завершённой мысли;
- Завершённая мысль может быть представлена визуально или прочувствована. Слова «женщина стояла у...» не позволяют создать завершённый мысленный образ. Законченное предложение – «женщина стояла у киоска» - позволяет;
- Слова - это всего лишь символы. В слове зашифрована идея, которая сама по себе отлична от слова. Для *понимания* слова или текста нам нужно их *расшифровать*; осознанно или нет мы должны конвертировать прочитанные слова в мысленные образы;
- Для детального, осознанного понимания текста указанные выше знаки препинания должны служить знаками «стоп», на которых мы должны остановиться и проверить, появился ли в нашей голове чёткий мысленный образ (визуальный или чувственный) прочитанного предложения или абзаца;

- Используя эти процессы при чтении художественного текста, мы придаём печатному слову жизнь. Попробуйте прочесть первый абзац «Превращения» Кафки, останавливаясь на каждой вертикальной черте и проверяя наличие мысленного образа только что прочитанного отрывка:

«Проснувшись однажды утром после беспокойного сна, | Грегор Замза обнаружил себя превратившимся в страшное насекомое. | Лёжа на панцирнотвёрдой спине, | он видел, стоило ему приподнять голову, свой коричневый, выпуклый, разделенный дугообразными чешуйками живот, | на верхушке которого еле держалось готовое вот-вот окончательно сползти одеяло. | Его многочисленные ножки, | убого тонкие по сравнению с остальным телом, | беспомощно копошились у него перед глазами».

Остановка на каждой точке и большинстве запятых позволяет создать осознанный мысленный образ прочитанного, превращая текст в подобие кинофильма. Такая техника не только позволяет получать от чтения удовольствие, но и укрепляет навыки критического мышления при чтении. Может ли насекомое поднять голову так, чтобы увидеть свои ноги? Почему в тексте ножки «многочисленны», в то время как у насекомых их всего шесть?

Осознанная конвертация слов в образы также укрепляет и расширяет нашу способность к запоминанию прочитанного. Я работал с людьми, которые, после однократного чтения текста с помощью «Пунктуации в образах», могли легко давать правильные ответы на вопросы о понимании текста точно, быстро и в деталях даже спустя две недели.

С художественным текстом всё ясно; но что произойдёт, если ученик применит эти техники к тексту научному, например, для чтения школьного учебника? Рассмотрим несколько отрывков:

«Аналитики используют различные методы для учета низкой ликвидности долей собственности при ранжировании схожих по фундаментальным характеристикам компаний. Все методы можно объединить в две группы: корректировка расчетной стоимости бизнеса на дисконт за низкую ликвидность; и отражение низкой ликвидности как одного из факторов риска в ставке дисконтирования при реализации конструкции дисконтированных денежных выгод. Премия за низкую ликвидность встраивается как отдельное слагаемое общей премии за риск собственного капитала, что приводит к увеличению WACC и снижению справедливой стоимости.»[76]

«Один моль вещества содержит $6{,}02 \times 10^{23}$ молекул. Он обладает массой, численно равной атомной массе вещества. Так моль воды (H_2O) имеет массу, равную

---

[76] Источник: Tutor2U - http://www.hse.ru/

восемнадцати граммам, а моль диоксида углерода (CO_2) – сорока четырём граммам. Это справедливо и для ионных комплексов, например, для хлорида натрия (NaCl), обладающего массой, равной пятидесяти восьми с половиной граммам.»[77]

На первый взгляд, без определённого уровня понимания предмета техника «Пунктуации в образах» даёт сбой. Однако на самом деле здесь она просто меняет свою роль, превращаясь в мощный инструмент диагностики. Если ученик останавливается на знаке препинания и не может составить мысленный образ, это говорит нам о том, что как минимум один термин в прочитанном предложении или отрывке ученик не до конца понимает. Например, если ученик не может представить себе образ слов *зарубежный*, *прямой*, *портфельный* и/или *инвестиция*, он/она не смогут преуспеть в создании мысленного образа первого же вопроса в первом отрывке. Если студент не может представить себе *моль*, *молекулу*, *вещество*, *массу* и/или *атомная масса*, он/она никогда не смогут продвинуться дальше первых двух предложений второго отрывка.

Таким образом «Пунктуация в образах» может быть использован вместе с набором простых исследовательских инструментов: обсуждением

---

[77] Источник: BBC Bitesize:
http://www.bbc.co.uk/education/guides/zysk7ty/revision/2

вопроса с учителем или другим учеником, бумажным или электронным словарём, Интернет-ресурсами, а также техниками Дейвиса, такими как Освоение символов для слов. Все они могут помочь дополнить недостающие мысленные образы смысла таких слов. Постоянное их использование вырабатывает у студента привычку искать значение непонятных ему слов самостоятельно. С таким подходом «Пунктуация в образах» становится не просто способом повышения уровня понимания, но и средством для восполнения недостающего или неправильно выученного материала.

«Я абсолютно разрываюсь от восхищения и просто обязана дать вам об этом знать! Читая с В. этим вечером книгу на протяжении получаса, мне страшно захотелось чашечку чая. В. умолял меня прочесть ему следующую главу, на что я ответила, что раз он так хочет узнать, что будет дальше, то может прочесть её сам – И ОН ПРОЧЁЛ! ...взволнованный, он пересказал мне события следующей главы, поэтому я точно знаю, что он прочёл и понял её! Спасибо вам».

– Мать девятилетнего В.И. (читающего книгу Мишель Пейвер «Брат Волк»). В.И. прошёл Программу дислексии Дейвиса под руководством моей жены Маргариты.

Знаки препинания при чтении

Полная остановка	Короткая остановка	Пауза
• точка	; точка с запятой	, запятая
! восклицательный знак		— тире
? вопросительный знак		
: двоеточие		

Глава 12: «Работая как часы» – креативный подход к освоению циферблата.

Некоторым креативно мыслящим детям поразительно трудно ответить на кажущийся очень простым вопрос: который час? Эта линейная, последовательная, постоянная концепция времени, совмещённая с поддерживающими её концепциями причинно-следственной связи, измерения и ведения счёта, может быть источником многих проблем у детей, испытывающих трудности с фокусировкой внимания и/или математикой. Большинство из них в конце концов находят способы определять время, но способы эти часто слишком надуманы и инородны, чтобы их можно было считать естественным освоением. На протяжении всей своей жизни такие люди будут испытывать проблемы с тайм-менеджментом и пунктуальностью, потому что концепция времени так и не стала для них полностью понятна.

Освоение концепций Дейвиса – процедура, использующая пластилин, для освоения множества концепций, таких как время, последовательность, порядок и беспорядок. Подробности об этой процедуре вы можете узнать в книге Рональда Дейвиса *Дар обучения* и на семинарах, проводимых Ассоциациями Дейвиса.

Ниже приведена учебная программа для исследовательского, креативного освоения циферблата часов. Написанная для персональных занятий, она вполне может быть адаптирована для работы с целым учебным классом. Вместо механического заучивания ученики сами исследуют каждый факт, концепцию и навык лежащий в основе способности определения времени. Это междисциплинарный подход, использующий элементы из географии, математики, и в меньшей степени из физики и истории. По завершении программы наши ученики будут *осознавать*, что именно они *делают*, когда определяют время по своим часам.

Прохождение всей учебной программы займёт достаточно много времени, поэтому на неё может понадобиться несколько отдельных занятий.

«РАБОТАЯ КАК ЧАСЫ» – КРЕАТИВНЫЙ ПОДХОД К ОСВОЕНИЮ ЦИФЕРБЛАТА

Вам будут нужны:

Белый пластилин, резак для пластилина, линейка, фонарик, простая игрушка для обучения пониманию времени по часам.

Важное примечание: процессы обучения, используемые в этой программе, очень насыщенны и интенсивны. Позвольте ученику использовать Разрядку столько раз, сколько ему необходимо. Делайте много перерывов. При первых признаках фрустрации ученика, *остановитесь*, сделайте перерыв и возвращайтесь к работе в точке, предшествующей появлению фрустрации.

Это длительная процедура, и у вас может возникнуть желание разделить ее на несколько занятий. Помните, что ребёнок осваивает навык на всю жизнь. Не торопите процесс.

Концепции измерения и стандартов во времени

Пример длины

Что делаем	Что говорим
Скатайте короткую колбаску из пластилина (если вы работаете с несколькими учениками, то пусть они тоже скатают по одной)	Вот верёвка, сделанная из пластилина. Как мы можем измерить, насколько она длинная?
Если дети не могут дать ответ «линейка» или «рулетка» сразу – помогите им. Покажите настоящую школьную линейку (работая с группой, раздайте по одной линейке каждому или хотя бы одну на двоих). Помогите вашим ученикам правильно приложить верёвку к линейке.	
Кратко обсудите с учеником значение единиц измерения, нанесённых на линейке.*	Посмотрите на отметки на линейке. Ты знаешь, как они называются?

	Работала бы линейка, если бы она была сделана из резины? Почему нет?

*Примечание: далее программа использует миллиметры и сантиметры в качестве отметок на линейке. Если ваш ученик лучше знаком с дюймами и футами, то вам надо соответственно изменить программу под другие единицы измерения.

<u>Единицы измерения</u>

Что делаем	Что говорим
Пусть ученик сосчитает на линейке число миллиметров в одном сантиметре. Закрепите у него знания о том, что в одном сантиметре десять миллиметров.	
Скажите:	Поэтому мы можем сказать, что миллиметры и сантиметры - это часть одной и той же системы измерения. Они

	называются *единицами измерения*.
Закрепите идею того, что мы выбираем единицы измерения, исходя из соображений удобства при работе с объектом измерения. Вы можете обсудить с учеником метры и километры, если он достаточно взрослый.	Было бы тебе удобно измерять свой рост в миллиметрах? Почему нет? А расстояние от нашей аудитории до вашего дома?

<u>*Введение в стандарты*</u>

Что делаем	**Что говорим**
Все единицы, о которых мы говорили на данный момент, являются производными от метра. Происхождение метра как одной десятимиллионной доли дистанции от Северного Полюса до экватора может быть очень интересно вашему ученику.	

(Подберите больше интересных фактов для обсуждения на https://www.what-this.ru/publish/invention-meter.php)	
Если ваш ученик выражает интерес, вы можете также изучить, как из метра были выделены другие стандарты (один грамм - это масса одного кубического сантиметра воды; один литр - это объём, занимаемый одной тысячью кубических сантиметров воды).	
Приведите вашего ученика к пониманию, что измерение одних физических явлений (например, массы) единицами измерения, относящимися к другому явлению (например, длине) невозможно.	Можно ли измерить массу/вес в метрах? Почему нет?

Измерение изменения: стандарт дня

Что делаем	Что говорим
Пусть ваш ученик придумает простой пример изменения, которое может произойти менее чем за один день (например, выпекание хлеба). Пусть он сделает из пластилина модель этого изменения или нарисует его на бумаге. Это позволит сохранить пример в поле сознания ученика, пока вы будете выполнять следующие шаги программы.	
Обсудите, как мы можем измерить эти изменения.	Какой инструмент/инструменты мы можем использовать для измерения этого изменения?
Если ученик не понимает вас,	Какой инструмент/инструменты мы можем использовать для измерения

«РАБОТАЯ КАК ЧАСЫ» – КРЕАТИВНЫЙ ПОДХОД К ОСВОЕНИЮ ЦИФЕРБЛАТА

перефразируйте вопрос:	продолжительности этого изменения?
Ученик должен назвать в ответ какие-нибудь часы – наручные, настенные, электронные и т.д.	

Единицы и стандарты измерения изменения

Что делаем	Что говорим
	Какие единицы измерения есть на… [часы, названные ранее учеником]?
Обсудите, как шестьдесят секунд идеально складываются в минуты, а шестьдесят минут в часы.	
Ученик должен ответить «день». Если ответа нет, то предоставьте ему необходимую информацию и обсудите её.	Какая единица следующая? Во что так точно укладываются часы?

Стандарт дня

Что делаем	Что говорим
Обсудите с учеником, как временной день отражает реальные процессы смены дня и ночи.	Будет ли хорошей идеей отправиться на пикник в полночь? Почему нет?
Добейтесь от ученика ответа «в полночь темно».	
	Всегда ли темно в полночь?
Ваш ученик должен ответить «да». Но знает ли он, почему? Если нет, объясните ему ответ, используя глобус и фонарик (подробности в следующем сегменте).	

Стандарт дня: демонстрация на глобусе и фонарике

Примечание: современная круглая настольная лампа или светящийся шар подойдут даже лучше фонарика.

«РАБОТАЯ КАК ЧАСЫ» – КРЕАТИВНЫЙ ПОДХОД К ОСВОЕНИЮ ЦИФЕРБЛАТА

Что делаем	Что говорим
Поместите маленький кусочек пластилина на глобус, примерно там, где проходит ваше с учеником занятие (например, для обозначения Москвы поставьте его примерно на половине прямого пути между Черным и Белым морями).	
Затемните комнату.	
Дайте ученику включить фонарик и направить его прямо на глобус. Фонарик здесь выступает в роли Солнца.	
Обсудите с учеником, с какой стороны на глобусе восток	
Обсудите с учеником факт того, что первое, что мы видим утром, - это восходящее на востоке Солнце.	Это называется «восход».

Скажите ученику повернуть глобус в позицию, в которой восход будет наблюдаться в отмеченной пластилином точке.	
	Понимаешь ли ты теперь, в какую сторону вращается Земля?
Помогите ученику, если он что-то не может понять.	
Пусть ученик крутит глобус («направо») и сам исследует как Земля поворачивается относительно Солнца в те моменты, когда в отмеченной пластилином точке наступает: ○ *полдень;* ○ *вторая половина дня;* ○ *ранний вечер/закат;* ○ *полночь;* ○ *и т.д.*	

«РАБОТАЯ КАК ЧАСЫ» – КРЕАТИВНЫЙ ПОДХОД К ОСВОЕНИЮ ЦИФЕРБЛАТА

Когда он тщательно исследовал этот процесс, спросите:	Сколько времени занимает один оборот земного шара?
Помогите ученику, если требуется.	
	Земля ускоряется и замедляется во время вращения или постоянно вращается с одной скоростью?
	Почему это важно для того, чтобы один оборот Земли мог стать стандартом измерения?
Если необходимо, обсудите, почему линейка не смогла бы работать, будь она сделана из резины (см. выше). Сравните это с гипотетическим изменением скорости вращения Земли.	
Если ваш ученик много путешествовал и/или имеет родственников в разных часовых поясах и	

ПОЧЕМУ ТИРАННОЗАВР НО НЕ ЕСЛИ?

выглядит заинтересованным, вы можете изучить с ним часовые пояса. Например, какое время (приблизительно) в Москве, когда во Владивостоке полдень?

Интервалы дня

Что делаем	Что говорим
Пока глобус ещё находится на столе, объясните ученику, что один час является одной двадцать четвёртой частью дня.	
Покажите ученику лёгкий поворот Земли против часовой стрелки, примерно показывающий поворот на одну двадцать четвёртую часть оборота.	То, что ты только что сделал, является **смыслом** часа. Это то, что происходит с Землёй за час.
Пусть ученик скатает большой шар из пластилина, который будет изображать Землю (и ещё больший шар, который будет изображать Солнце и давать ученику понимание об угле наклона Земли).	
*Обсудите концепцию **меридиана**: воображаемой дуги на поверхности Земли от Северного полюса до Южного. Если ученику сложно усвоить концепцию,*	

воспользуйтесь процедурой **Освоения символов Дейвиса**	
Пусть ученик использует Освоение символов Дейвиса для создания отдельных моделей: ○ **полдень** – время, когда местный меридиан направлен прямо на Солнце; ○ **полночь** - противоположность полудню. Отложите модели, но не убирайте далеко.	

«РАБОТАЯ КАК ЧАСЫ» –
КРЕАТИВНЫЙ ПОДХОД К ОСВОЕНИЮ ЦИФЕРБЛАТА

Циферблат часов – часовая стрелка

Что делаем	Что говорим
Пусть ученик слепит простой, но достаточно большой диск из пластилина, который будет изображать циферблат часов, а также часовую стрелку. Определите, знает ли ученик ответы на ваши вопросы, и предоставьте ему ответы, если необходимо.	В каком направлении движется часовая стрелка? Сколько часов в одном дне? Сколько времени (то есть какую часть дня) занимает один оборот часовой стрелки? Как успевает повернуться Земля за её оборот?
Обсудите с учеником, почему полночь и полдень называют «двенадцать часов». Проверьте, правильно ли ученик понимает эту фразу.	
Пусть ученик вылепит «12:00», поместит под моделями **полудня** *и* **полуночи** *и повторит устные шаги Освоения*	

символов Дейвиса («ты - двенадцать часов, что означает время, когда местный меридиан...»).	
Пусть ученик вылепит число «12» и поместит на положенное место на пластилиновом циферблате (подскажите ему, если требуется).	
Используя глобус и фонарик, изучите с учеником местоположение местного меридиана по отношению к Солнцу в шесть часов.	
Обсудите, как шесть часов наступает дважды в день, и обсудите/исследуйте, как в первый раз оно наступает утром (в районе рассвета) и во второй раз вечером (в районе заката).	
Пусть ученик поместит цифру «6» на положенное	

«РАБОТАЯ КАК ЧАСЫ» – КРЕАТИВНЫЙ ПОДХОД К ОСВОЕНИЮ ЦИФЕРБЛАТА

место на пластилиновом циферблате.	
Повторите этот процесс для трёх и девяти часов.	
Добавьте на циферблат недостающие цифры. Поместите часовую стрелку так, чтобы она указывала на двенадцать.	
Скажите:	Это значит, что сейчас 12:00. Передвижение этой стрелки от одного числа до другого занимает *один час*. Где она будет находиться спустя один час?
Пусть ученик передвинет стрелку на 1.	
Скажите:	Теперь время - *час*. Где будет находиться часовая стрелка спустя не один час, но спустя *полчаса*?
Пусть ученик передвинет часовую стрелку на	

позицию между цифрами 1 и 2.	
Скажите:	Мы называем это время *половина второго*.
Спросите ученика:	Где будет стрелка спустя ещё полчаса?
Пусть ученик передвинет стрелку на 2.	
Спросите:	А где она будет находиться спустя четверть часа?
Пусть ученик передвинет стрелку на четверть пути между 2 и 3. Скажите:	Мы называем это **четверть третьего**.
Спросите:	Где она будет находиться спустя ещё четверть часа?
*Пусть ученик поместит стрелку ровно между 2 и 3. Заметьте, может ли ученик самостоятельно сказать, что это **половина третьего**.*	

«РАБОТАЯ КАК ЧАСЫ» – КРЕАТИВНЫЙ ПОДХОД К ОСВОЕНИЮ ЦИФЕРБЛАТА

Спросите:	Где она будет находиться спустя ещё четверть часа?
Пусть ученик переместит стрелку на три четверти расстояния между 2 и 3. Скажите:	Мы называем это **без четверти три.**
*Пусть ученик применит Освоение символов Дейвиса к концепции **без**: не хватая, раньше на...*	
Продолжайте работать с учеником, передвигая часовую стрелку в различные позиции, включая «без четверти», «половина» и «четверть» (например, «четверть шестого», «четверть девятого», «половина пятого» и т.д.)	

Циферблат часов – минутная стрелка

Что делаем	Что говорим
На игрушечных часах покажите ученику часовую стрелку, минутную стрелку и минутные отметки.	
Обсудите с учеником, почему минутная стрелка длиннее (она сделана такой, чтобы доставать до минутных отметок на внешней части циферблата).	
Поместите часовую и минутную стрелки так, чтобы они обе показывали 12. Скажите:	Минутная и часовая стрелки движутся одновременно, но минутная движется быстрее.
Скажите:	Часовая стрелка за час перемещается от одной цифры до другой; минутная за это время совершает полный оборот.

«РАБОТАЯ КАК ЧАСЫ» – КРЕАТИВНЫЙ ПОДХОД К ОСВОЕНИЮ ЦИФЕРБЛАТА

Продемонстрируйте ему ваше утверждение, одновременно передвигая минутную и часовую стрелки так, чтобы минутная сделала полный оборот, пока часовая передвинулась всего на один час.	
Если возможно и/или нужно для закрепления понимания, покажите ученику часы по ссылке <u>http://www.visnos.com/demos/clock</u> *Позвольте ученику самому подвигать стрелки часов с помощью указателя мыши; позвольте ему пронаблюдать, как они двигаются одновременно.*	
Спросите:	Покажи, где обе стрелки будут находиться через час. (Ответ: 1:00)
Спросите:	Покажи, где обе стрелки будут находиться через полчаса (1:30).
Продолжайте работу с четвертями часа.	
Обсудите невозможное время (например, когда	

часовая стрелка показывает на цифру 1, а минутная указывает на цифру 6. Может ли ученик объяснить, почему это невозможно?)	
Исследуйте «пять минут», «десять минут» и т.д. Обсудите/объясните, что каждое число на часах обозначает пять минут (потому что 60 ÷ 12 = 5)	
Если возможно и/или нужно для закрепления понимания, позвольте ученику поиграть в онлайн игры, наподобие примера по ссылке http://www.visnos.com/demos/clock	

Двигаясь дальше: освоение календаря

Некоторые ученики испытывают трудности с запоминанием последовательности месяцев в году. Обычно эта проблема идёт рука об руку с ограниченной осведомлённостью о последовательности времён года и причинах, вызывающих их смену.

Приведённая ниже дополнительная процедура может быть проведена для исследования времён года и порядка месяцев в году.

Запомните: **необходимо позволить ученику проводить Разрядку столько, сколько ему требуется. Делайте постоянные перерывы. При первых признаках фрустрации** *остановитесь*, **устройте перерыв и продолжайте процедуру с точки, предшествующей возникновению фрустрации у ученика.**

<u>*Измерение изменения: стандарт года*</u>

Что делаем	Что говорим
Пусть ваш ученик подумает об изменениях, которые длятся несколько месяцев (например, о саженце, превращающемся во взрослое растение).	
Направьте вашего ученика к пониманию того, что вместо часов в этом случае надо использовать календарь.	Использовал бы ты часы для измерения этих изменений? Что бы ты использовал вместо них?

Стандарт года и цикла времён года: демонстрация на глобусе и фонарике

Примечание: современная круглая настольная лампа или светящийся шар подойдут даже лучше фонарика.

Полезная информация: когда земной шар расположен Северным полюсом к наблюдателю, он вращается **против часовой стрелки**.

Что делаем	Что говорим
Убедитесь, что кусочек пластилина всё ещё на глобусе, примерно в той географической точке, где проходит ваше с учеником занятие.	
Снова затемните комнату.	
Встаньте вместе с вашим учеником в той части комнаты, где будет достаточно места для того, чтобы вы могли свободно ходить вокруг ученика во время демонстрации.	

«РАБОТАЯ КАК ЧАСЫ» – КРЕАТИВНЫЙ ПОДХОД К ОСВОЕНИЮ ЦИФЕРБЛАТА

Пусть ваш ученик включит фонарик и направит его на глобус. Фонарик здесь играет роль Солнца.	
Держите глобус под наклоном, так, чтобы Северный полюс был направлен в сторону от «Солнца». Раскрутите «Землю» на её оси и поддерживайте вращение до конца демонстрации.	
Обсудите, какая половина «Земли» (полушарие) получает больше света и более долгие дни. Направьте вашего ученика к пониманию того, что в этом положении в Северном полушарии середина зимы, а в Южном середина лета. Это декабрь (ученики из северного полушария могут быть очень удивлены, узнав, что в Южной Африке/Австралии/Новой Зеландии можно	

праздновать Новый год, лёжа на пляже!)	

Важно: на этом этапе вы начинаете двигаться вокруг «Солнца» против часовой стрелки. Двигаясь, сохраняйте Северный полюс в том же положении относительно комнаты, а не Солнца. Например, если вы начали с Северным полюсом, наклоненным в сторону двери – сохраняйте этот наклон до конца демонстрации. Этими движениями глобуса вы отражаете факт, что север оси Земли всегда направлен на Полярную звезду. Объяснение этому вы найдёте на https://ru.wikipedia.org/wiki/Поляриссимо Если вы не будете в этом строго придерживаться инструкции, то не сможете продемонстрировать ученику причину смены времён года.

«РАБОТАЯ КАК ЧАСЫ» –
КРЕАТИВНЫЙ ПОДХОД К ОСВОЕНИЮ ЦИФЕРБЛАТА

Что делаем	Что говорим
Продолжая вращать Землю вокруг её оси, сделайте четверть оборота вокруг вашего ученика против часовой стрелки.	
Продемонстрируйте и обсудите, как Северное и Южное полушария теперь получают одинаковое количество света и имеют равную продолжительность дня (если вы сочтёте это необходимым, можете также объяснить ученику концепцию равноденствия).	
Включите в ваше объяснение следующие слова:	В таком положении Земля оказывается в марте. В это время в Северном полушарии весна, а в Южном - осень.
Продолжая вращать Землю вокруг её оси,	

пройдите ещё четверть оборота вокруг вашего ученика против часовой стрелки.	
Обсудите, какая половина Земли (полушарие) теперь получает больше света и имеет большую продолжительность дня. Направьте вашего ученика к пониманию, что теперь в Северном полушарии середина лета, а в Южном полушарии середина зимы. Это июнь.	
Продолжая вращать Землю вокруг её оси, пройдите ещё четверть оборота вокруг вашего ученика против часовой стрелки.	
Покажите и обсудите, что также, как и ранее с мартом, теперь Северное и Южное полушария получают равное количество света и	

«РАБОТАЯ КАК ЧАСЫ» – КРЕАТИВНЫЙ ПОДХОД К ОСВОЕНИЮ ЦИФЕРБЛАТА

имеют равную продолжительность дня.	
Включите в ваше объяснение следующие слова:	В таком положении Земля оказывается в сентябре. В это время в Южном полушарии весна, а в Северном - осень.
Продолжая вращать «Землю» вокруг её оси, пройдите ещё четверть оборота вокруг вашего ученика против часовой стрелки. Обсудите с ним наступление декабря и то, что «Земля» оказалась в том же месте, что и в начале вашей демонстрации.	
Спросите:	Следовательно, сколько времени занимает один оборот Земли вокруг Солнца? (Ответ: один год).

Освоение порядка месяцев в году

Вам понадобится (очень) большой стол, при его отсутствии, используйте пол. Пусть ваш ученик сделает из пластилина большой шар и поместит его в центр рабочей поверхности. Объясните ему, что шар выполняет роль Солнца.

Пусть ученик сделает ещё двенадцать шариков поменьше. Объясните ему, что они будут играть роль Земли в разных точках её орбиты вращения вокруг Солнца.

Пусть ученик нарисует линию на каждом из земных шариков. Объясните ему, что это *экватор*. Объясните ему концепцию экватора, если необходимо. Если ваш ученик не до конца понимает концепцию после вашего объяснения, позвольте ему освоить ее с помощью Освоения концепций Дейвиса и подходящего словарного определения.

Пусть ваш ученик поместит на каждый шарик по два кружочка там, где должны располагаться Северный и Южный полюс. Объясните ему концепции Северного и Южного полюсов, если требуется. Если ваш ученик не до конца понимает концепции после вашего объяснения, позвольте ему освоить их с помощью Освоения концепций Дейвиса и подходящего словарного определения.

Пусть ученик проделает небольшое углубление в каждом земном шарике, приблизительно там, где географически *проходит ваше с учеником занятие (например, для обозначения Москвы поставьте его примерно на половине прямого пути между Черным и Белым морями).*

Пусть ваш ученик разместит все двенадцать шариков с Северным полюсом, наклонённым в одну из сторон комнаты (ранее в инструкциях мы предположили, что это будет стена с дверным проёмом). Установите с вашим учеником «правило», что при всех последующих движениях шариков Северный полюс должен быть всегда наклонён в сторону двери. Внимательно следите за любыми нарушениями этого «правила»; вежливо напоминайте о нём ученику.

Пусть ваш ученик поместит один из земных шариков на коврик, примерно на линии между шаром-Солнцем и дверью. Удостоверьтесь, что ученик соблюдает установленное ранее «правило». Обсудите, какая половина Земли (полушарие) получает больше света и имеет большую продолжительность дня. Направьте ученика к пониманию того, что в этом положении в Северном полушарии середина зимы, а в Южном – середина лета. Объясните, что это декабрь; пусть ваш ученик слепит из пластилина слово *декабрь* и поместит его под земным шариком.

Пусть ваш ученик поместит один из земных шариков на коврик, на линии между шаром-Солнцем и стеной напротив двери. Убедитесь, что ученик соблюдает установленное ранее «правило». Обсудите, какая половина Земли (полушарие) получает больше света и имеет большую продолжительность дня. Направьте его к пониманию того, что в этом положении в Северном полушарии середина лета, а в Южном – середина зимы. Объясните, что это июнь; пусть ученик слепит из пластилина слово *июнь* и поместит его под земным шариком.

Повторите тот же процесс для *марта* и *сентября*. Используйте фотографию, приведённую ниже, если вам нужна помощь для правильного размещения шариков. Убедитесь, что ваш ученик продолжает соблюдать «правило».

Повторите этот процесс для всех последующих месяцев. Используйте фотографию, приведённую ниже, если вам нужна помощь для правильного размещения шариков. Убедитесь, что ваш ученик продолжает соблюдать «правило».

Начиная с января, пусть ваш ученик посмотрит и дотронется до каждого из земных шариков по очереди, называя каждый из месяцев. Удостоверьтесь, что он делает это в правильном порядке.

Начиная с декабря, пусть ваш ученик посмотрит и дотронется до каждого из земных шариков по очереди, называя каждый из месяцев. Удостоверьтесь, что он делает это в обратном порядке.

Назовите случайный месяц. Пусть ваш ученик найдёт его, прикоснётся к нему и назовёт месяцы до и

«РАБОТАЯ КАК ЧАСЫ» – КРЕАТИВНЫЙ ПОДХОД К ОСВОЕНИЮ ЦИФЕРБЛАТА

после него (например, если вы сказали «июнь», то ваш ученик должен дотронуться до июня и сказать «май – июль»). Повторяйте этот процесс, пока не назовёте все месяцы в случайном порядке.

Пусть ваш ученик закроет глаза и создаст мысленный образ того, что только что создал. Пусть он назовёт каждый месяц по очереди с закрытыми глазами; объясните, что он должен ориентироваться по своему образу, но подглядывать тогда, когда не может чётко представить следующий месяц. Внимательно следите, не пытается ли ученик просто угадывать; немедленно вмешайтесь, дайте ученику подсмотреть при первых попытках угадывания.

Пусть ваш ученик закроет глаза и повторит процесс, теперь уже в обратном порядке.

Пусть ученик продолжает переключаться между прямым и обратным порядком, подглядывая, когда требуется. Продолжайте, пока необходимость в подглядывании не исчезнет. Закрепите результат, снова назвав все месяцы в прямом порядке. Отпразднуйте успех!

(Примечание: вертикальная линия в центре – стык между половинками стола, а не часть модели!)

Глава 13: Разрядность числа.

Некоторые креативные ученики испытывают проблемы с освоением математических концепций и процессов. В большинстве случаев это вызвано тем, что более глубокие, базовые концепции, лежащие в основе математического знания, не были полностью поняты, и/или тем, что ребёнок слишком быстро был вынужден перейти от манипуляций с реальными предметами к манипуляциям на бумаге, использующим математические символы, не имеющими понятного с первого взгляда смысла. Например, некоторые дети пытаются вызубрить таблицу умножения, не понимая того, что умножение является просто сложением нескольких одинаковых величин. Из-за этого они не могут представить в своей голове, что означает умножение, а значит и процессы, происходящие с величинами при их умножении. Их знание об умножении хрупко, а понимание деления как действия, обратного умножению, у них никогда не сложится.

Освоение математики Дейвиса - это методический мультисенсорный подход к достижению понимания и освоения базовых арифметических действий. Концепции, лежащие в основе математического знания и арифметических процессов, изучаются с помощью пластилина: сделанные из неё шарики выступают в роли реальных чисел, использование которых позволяет ученику более мягко перейти к математическим манипуляциям на бумаге и работе с математическими символами. Подробности этого процесса описаны в книге Рональда Дейвиса *Дар обучения* и на семинарах, проводимых Ассоциациями Дейвиса.

Приведённая ниже программа является способом мультисенсорного обучения разрядности числа, понимание чего является необходимым для любых арифметических действий, за исключением разве что сложения и вычитания однозначных чисел.

Вам понадобятся:

111 шариков из пластилина (вы можете скатать их вместе с вашим учеником перед занятием), запас пластилина и резак для него.

Важное примечание: обучающий процесс, описанный в этой программе, очень насыщенный и интенсивный. Позвольте вашему ученику делать

Разрядку столько, сколько ему потребуется. Делайте много перерывов. При первых признаках фрустрации *остановитесь*, возьмите перерыв, после чего продолжайте с места, предшествовавшего возникновению фрустрации.

Вводная часть Освоения цифр может быть полезна многим ученикам. Тем не менее, если вы уверены, что ваш ученик освоил цифры *и* может представить в своём воображении количества, которые они представляют, эта часть может быть сокращена или вообще пропущена.

Освоение цифр

Дайте ученику полоску бумаги, на которой будут простым шрифтом нанесены цифры от нуля до девяти. Вы можете скопировать полоску, приведённую ниже, распечатать её на отдельном листе и вырезать.

$$\boxed{0\ 1\ 2\ 3\ 4\ 5\ 6\ 7\ 8\ 9}$$

Возьмите два пластилиновых шарика и поместите их над цифрой 2. Объясните ученику, что цифра 2 - это символ, обозначающий количество, показанное двумя шариками. Объясните, при необходимости, этот принцип при добавлении пластилиновых шариков к остальным цифрам. Удостоверьтесь, что ученик понимает, что цифра 0 обозначает ничто, пустоту.

РАЗРЯДНОСТЬ ЧИСЛА

Пусть ваш ученик слепит из пластилина числа от нуля до девяти и поместит соответствующее число шариков над каждым из них. Убедитесь, что ученик понимает, что над цифрой 0 не должно быть ничего.

Пусть ваш ученик посмотрит на каждую цифру и число шариков, прикоснётся к ним и назовёт каждое число, двигаясь от нуля к девяти.

Пусть ученик посмотрит на каждую цифру и число шариков, прикоснётся к ним и назовёт каждое число, двигаясь от девяти к нулю.

Пусть ваш ученик посмотрит на каждую цифру и число шариков и назовёт каждое число, не касаясь шариков, двигаясь от нуля к девяти.

Пусть ученик посмотрит на каждую цифру и число шариков и назовёт каждое число, не касаясь шариков, двигаясь от девяти к нулю.

Пусть ваш ученик назовёт каждое число в прямом порядке с закрытыми глазами; объясните ему, что он должен руководствоваться мысленным образом в его голове, но подглядывать всякий раз, когда не может чётко представить следующее число. Внимательно следите за попытками угадывания; немедленно вмешивайтесь и просите ученика подсмотреть, если видите, что он пытается угадать следующее число.

Пусть ваш ученик закроет глаза и повторит процесс в обратном порядке.

Пусть ваш ученик продолжает называть числа в прямом и обратном порядке, пока не отпадёт необходимость в подглядывании.

Разрядность числа.

Что делаем	Что говорим
Пусть ученик уберёт со стола цифры и соответствующие им шарики, за исключением цифры девять и её шариков. Пусть ученик передвинет цифру и её множество немного вправо от центра стола.	
Укажите на девять шариков.	Это самое большое число, которое может быть представлено с

РАЗРЯДНОСТЬ ЧИСЛА

	помощью одной цифры. Понятно ли это?
Подкиньте к ним десятый шар.	Я создал беспорядок. Мы не можем создать порядок, потому что у нас нет отдельного символа для этого числа.
Скажите ученику слепить десять шариков в «пирамидку», в основании которой будут шесть шариков (в два ряда по три шарика), а на верхушке четыре шарика (в два ряда по два шарика).	
Укажите на пространство слева от цифры 9 и «пирамидки». Цифру пока оставьте на её месте. *Слепите ещё одну «пирамидку» из десяти*	Передвиньте «пирамидку» из десяти шаров туда.

шаров. Поместите её и ещё один шарик на столе перед с собой.	
Покажите на место, куда вы переместили «пирамидку».	Теперь мы можем создать порядок. Это место, где мы будем их считать (поднимите «пирамидку» и покажите её ученику). Не отдельные шарики, но их (снова покажите ученику «пирамидку»).
Укажите на пустое место над цифрой 9, где раньше находились девять шариков.	Это всё ещё будет местом, где мы считаем их (покажите ученику один шарик).

Если уместно, объясните ученику, что такое «единицы» и используйте это название вместо «шариков».	Итак, давай создадим порядок с помощью наших цифр. Это (укажите на цифру 9) беспорядок, верно? Какую цифру нам сюда надо поместить, чтобы показать, сколько единиц здесь есть?
Ученик должен убрать цифру 9 и положить на её место цифру 0.	
	Правильно. И какую цифру мы должны поместить здесь (укажите на место под «пирамидкой»), чтобы показать, сколько их (укажите на «пирамидку») у нас есть? Не сколько у нас отдельных единиц; сколько их (укажите ещё раз на «пирамидку»).
Ученик должен поместить под «пирамидку» цифру 1.	

	Правильно. Вот почему мы пишем 10 как «1» и «0»: цифры показывают нам, что у нас один десяток (укажите на пирамидку) и нет отдельных единиц.
Напишите на кусочке бумаги «12». Покажите его ученику.	Как бы ты показал «12» таким же образом?
Ученик должен оставить «пирамидку» из десяти шариков и цифру 1 на своих местах, убрать цифру 0, положить над их местом два шарика, а под ними цифру 2.	
	Правильно.
Повторяйте этот процесс с числами, лежащими в пределе от тринадцати до девяноста девяти. Повторите упражнение столько раз, сколько сочтёте нужным, пока ученик не научится	

уверенно и быстро показывать количество и цифру для любого из примеров.	
Напишите на листке бумаги «99».	Сделай таким же образом 99. Я могу помочь тебе, если хочешь.
Если вы будете помогать лепить «пирамидки»-десятки, сохраните «пирамидку» и шарик, которые вы ранее положили на столе перед собой.	
Когда ученик сделает 99 – и цифру, и число – подкиньте к девяти отдельным единицам дополнительный шарик.	
	Я создал беспорядок. Можешь ли ты создать порядок?
Ученик должен сделать из десяти шариков ещё одну «пирамидку» и поместить её к девяти	

другим. Возможно, ученик сам заметит проблему, которая появляется после этого.	
	Теперь у нас беспорядок в области десяток, потому что ты создал десять «пирамидок», и у нас нет цифры, обозначающей число больше девяти. Как нам создать порядок?
Посмотрите, может ли ученик сам понять, что ему нужно соединить десять «пирамидок» вместе и сдвинуть их влево. Помогите ему, если это необходимо. Позвольте ему оставить две цифры «9» на своём месте.	
	Теперь мы можем создать порядок с цифрами. Это место, где ты можешь считать их (укажите на соединённые

	«пирамидки»). Сколько их у тебя здесь?
Добейтесь ответа «один».	Помести туда цифру (укажите на место под «пирамидками»), которая бы это показывала.
	Это место, где ты можешь считать их (укажите на отложенную вами ранее «пирамидку»-десятку). Как много их у тебя здесь? (укажите на пустое место над цифрой «9» в столбце десяток).
Добейтесь ответа «ноль/ничего/нисколько». Направьте ученика так, чтобы он заменил цифру 9 на цифру 0.	
	Это место, где ты можешь считать их (укажите на отдельный шарик, который вы отложили ранее).

	Сколько их у тебя здесь? (укажите на пустое место над цифрой «9» в столбце единиц).
Добейтесь ответа «ноль/ничего/нисколько». Направьте ученика так, чтобы он заменил цифру 9 на цифру 0.	
Скажите ученику:	Теперь сделай «111»
Справа от сотни ученик должен создать еще один десяток, и справа от десятка разместить еще один шарик (единицу). Затем ученик должен разместить снизу 3 цифры «1», соблюдая разрядность.	

РАЗРЯДНОСТЬ ЧИСЛА

Если ученик достаточно взрослый и заинтересованный, попросите его представить, как будут выглядеть следующие числа: • *222* • *999*	
Спросите его, может ли он визуализировать, что будет, если мы добавим один шарик к 999. Представляя образы, пусть ученик проговорит все шаги, необходимые для создания порядка, заканчивая тысячью шариков, собранных вместе в разряде тысяч. Кратко обсудите, как бы выглядели разряды десяток и сотен тысяч.	

Глава 14: Химия – представляя моли.

Моли, возможно, являются одной из самых неуловимых концепций, необходимых для освоения старшеклассникам. Они имеют смысл лишь тогда, когда ключевые элементы атомной теории и соединений были полностью освоены; они предполагают у учеников наличие хорошего понимания математических принципов; они, что ещё более важно, просто невероятно огромные. Или атомы невероятно маленькие – зависит от того, как посмотреть. Моль это 6.02 x 10^{23} атома, молекулы или иного элементарного образования – это число слишком велико, чтобы его можно было визуализировать. Современный телевизор с разрешением 1080p содержит немногим больше двух миллионов пикселей. Чтобы получить один моль пикселей, потребуется более чем 300,000,000,000,000,000 телевизоров. Такого количества телевизоров не наберётся на всей планете.

Из-за того, что необходимые для понимания молей знания так многослойны, некоторым ученикам необходимо твёрдое, мультисенсорное обучающее подспорье, которое позволило бы закрепить это понимание навсегда. Учителя химии часто замечают, что дети, «понявшие» концепцию молей в девятом классе и решавшие большую часть уравнений с ними правильно, практически не сохраняют полученных знаний к десятому/одиннадцатому классу. В особенности им сложно понять, почему моли полезны при предвидении продуктов химической реакции.

Адаптируя принципы Освоения символов Дейвиса, можно создать обучающий модуль, который позволит закрепить в голове у ученика смысл молей. Я создал такой модуль и успешно реализовал его с множеством учеников средней школы.

Шаг 1: Что такое атом и из чего он состоит?

Убедитесь, что ваш ученик понимает, что такое атом и что такое субатомные частицы. Используйте словари, поисковики и модели из пластилина, если это необходимо. В частности, убедитесь, что ученик понимает, что протон и нейтрон имеют одинаковую массу, а масса электрона настолько мала в сравнении, что её можно не учитывать (т.е. вы можете не учитывать его массу также, как можете не учитывать массу мухи, севшей на взвешиваемого вами слона).

Убедитесь, что ваш ученик понимает разницу между *атомным числом* (числом протонов в атоме) и *массовым числом* (суммарное количество протонов и нейтронов). Проверьте, понимает ли ваш ученик, что благодаря одинаковой массе протона и нейтрона обе частицы можно использовать в качестве единицы атомной массы. Убедитесь, что ваш ученик может объяснить, почему считать массу атома в граммах было бы непрактично (потому что в ответе было бы крошечное число с множеством нулей после запятой).

Убедитесь, что ученик понимает, что такое *элемент* – обратитесь к словарю, если необходимо. Вместе посмотрите на периодическую таблицу и обратите его внимание на то, что атомное и массовое число даны для каждого элемента (если вам необходимо объяснить, почему массовое число обычно не является целым числом, вы можете провести урок по изотопам и относительной атомной массе, прежде чем двигаться дальше по программе).

Шаг 2: Моль это (очень большое) число.

Обсудите, что на самом деле означает число Авогадро – 6.02×10^{23}. Поработайте вместе над тем, чтобы записать его в более наглядной и длинной форме 602,000,000,000,000,000,000,000[78]. На YouTube

---

[78] Это лишь аппроксимация числа. Точнее будет 602,214,085,774,000,000,000,000.

есть несколько хороших видео, иллюстрирующих смысл этого числа: например, иллюстрируя его с помощью моля теннисных мячей, который бы по размерам сравнялся с планетой.

Шаг 3: Создавая атом.

Пусть ваш ученик сделает из пластилина модель атома конкретного элемента. Хорошо работает литий: атом лития содержит три протона и четыре нейтрона в ядре, а также три электрона на орбиталях. Напомните ученику, что электроны не учитываются в атомной массе из-за их сравнительно ничтожной массы.

Посчитайте с ним массовое число атома в атомных единицах массы (а.е.м.). Для лития масса составит 7 а.е.м. Пусть ваш ученик слепит из пластилина «7 а.е.м.» и поместит их под моделью атома.

Пусть ваш ученик сделает из пластилина лупу и поместит её рядом с атомом. Это будет напоминать нам, что атом гораздо, гораздо меньше модели. Объясните ему, если это необходимо, что атом настолько мал, что его невозможно увидеть ни в лупу, ни в микроскоп, так что мы используем её чисто символически.

Шаг 4: Создавая моль.

Пусть ваш ученик слепит из пластилина контейнер. Это может быть мешок, коробка или котелок. Пусть он сделает весы из пластилина – сойдёт и модель современных электронных весов – и поместит на них контейнер.

Теперь пусть ученик сделает из пластилина длинную верёвку со стрелкой на конце. Пусть получившаяся стрелка будет направлена от атома (не лупы!) к контейнеру. Дайте ученику также листок клейкой бумаги и попросите его написать «x 6.02 x 10^{23}» на нём. Пусть он разместит этот листок рядом со стрелкой. Объясните ему, что это значит, что контейнер содержит 6.02 x 10^{23} атомов, таких же, как сделанная им модель. Если необходимо, объясните ему, что контейнер символичен и не имеет собственной массы.

Пусть ваш ученик напишет на другом листке массу моля в граммах. Если использованный атом был атомом лития (с массой в 7 а.е.м.), то масса моля будет 7 грамм. Пусть ученик прилепит этот листок к весам наподобие электронного дисплея.

Наконец, пусть ваш ученик сделает из пластилина слово «моль» и поместит его под моделью. Обсудите с учеником, что вы сейчас сделали, и попросите его объяснить это вам.

Пусть ваш ученик посмотрит в сторону или закроет глаза и постарается создать чёткий мысленный образ созданной им модели.

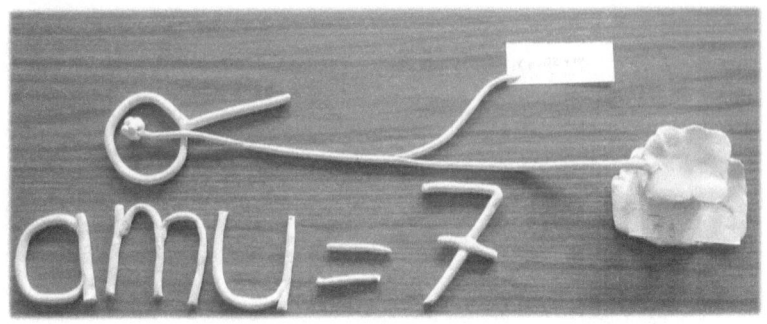

Обсудите с учеником, как атомы разных элементов могут обладать разной массой. Обсудите массу моля разных элементов и отношения моля к массовому числу. Например, найдите свинец (Pb) в периодической таблице. Установите, что его массовое число равно 207 а.е.м. Скажите вашему ученику, что моль свинца будет иметь массу 207 грамм. Найдите в периодической таблице кальций (Ca). Установите, что его массовое число равно 40 а.е.м. Скажите ученику, что моль кальция будет весить 40 грамм. Продолжайте с похожими примерами, пока ваш ученик не поймёт, что масса моля элемента в граммах численно равна массе одного атома элемента в а.е.м. Попросите его проговорить это; исследуйте больше примеров, чтобы закрепить успех и удостовериться, что ученик может рассчитать массу моля вещества из его массового числа.

Двигаясь дальше.

Если возможно, исследуйте молярную массу соединений. По понятным причинам, это потребует предварительного изучения ионных и ковалентных связей, элементарных частиц и относительной молекулярной массы. Если необходимо, пусть ваш ученик создаст пластилиновую модель, иллюстрирующую отношение молярной массы соединения с его относительной молекулярной массой.

Во время изучения упражнений на счёт молей с вашим учеником, просите его представлять его пластилиновую модель и называть её элементы, если это необходимо.

Глава 15: Сводя всё вместе.

Итак, как же нам свести вместе всё, что мы выучили и обсудили в этой книге, чтобы среда обучения в наших школах стала по-настоящему благоприятной для всех наших учеников – гиперактивных, практичных, артистичных, спортивных, преуспевающих, дислектичных? Как нам приспособить под их столь разные нужды один общий учебный план?

Даже если вы преподаете в обычных классах с минимумом отстающих учеников, попробуйте учесть, как их потребности могут быть использованы для улучшения качества обучения всех ваших учеников. Класс, созданный для недислектичных учеников, будет недружелюбен к дислектичным ученикам. Но класс, созданный для дислектичных учеников, не перестанет быть дружелюбным по отношению к недислектичным ученикам. Учебный план не застопорится, не потребует множества повторений, не пожертвует интеллектуальной насыщенностью. Он лишь станет более экспериментальным. Созданное вдумчиво, экспериментальное обучение может принести выгоды нам всем.

Вот несколько ключевых особенностей дружелюбного для дислектиков учебного окружения:

- Подаваемая ученикам информация должна тестироваться, чтобы ученики могли на собственном опыте убедиться в её правдивости;
- Учителя должны замечать любые признаки замешательства и быстро на них реагировать;
- Ученики могут сами контролировать своё самочувствие с помощью набора техник самоконтроля;
- Учебный материал должен подаваться последовательно, чтобы максимизировать уверенность и минимизировать замешательство;
- Материал должен не заучиваться, а исследоваться.

Чтобы продемонстрировать эти принципы в деле, предлагаю вспомнить пример, приведенный в начале книги, чтобы нарисовать две различные картины двух контрастных сценариев обучения.

Два разных англоязычных класса учат слово *«because»* (*потому*). В одном из них учитель даёт ученикам акростих: *«Big Elephants Cannot Always Use Small Entrances»* [*«Большие слоны не всегда могут использовать маленькие входы"*]. Первая глава книги в красках показала вам, что произошло с одним маленьким мальчиком, когда к нему пытались применить такой подход.

В другом классе учитель кладёт на пол банановую кожуру, наступает на неё и делает вид, что поскальзывается. «*Why did I slip?*» [«*Почему я поскользнулся?*»], спрашивает он класс. «Because *there was a banana skin on the floor*» [«*Потому что на полу была банановая кожура*»], - отвечают ему ученики.

Таким образом мы даём детям сцену для изучения закона причины и следствия. Если нужно, класс также может изучить отношение между этим законом и течением времени («что было раньше: человек кинул банановую кожуру или я на неё наступил? Если бы всё было наоборот, поскользнулся бы я?»)

После учитель просит каждого ученика составить ему предложение со словом **«*because*»** (**потому**). Если позволяет время, класс может нарисовать или слепить из пластилина причинно-следственный сценарий, иллюстрирующий слово **«*because*»** (**потому**). И, наконец, они могут добавить само слово к своему творению, назвав по буквам вперед и назад (хорошая техника для визуально-пространственного закрепления) и затем посмотреть, как много случаев употребления этого слова они могут найти в записанном материале.

Конечно, первый учитель справился быстрее. Но как много учеников на самом деле выучили слово **«*because*»** (**потому**)?

Второй учитель потратил больше времени, но зато научил детей *смыслу* слова. Насколько вероятно, что дети в будущем вернутся к этому слову, чтобы повторить?

Конечно, не каждая ситуация предоставляет учителю время на то, чтобы так глубоко погружаться в эксперименты с одним единственным словом. Каждый учитель должен уметь расставлять приоритеты в рамках того времени, которым он располагает. Но если у нас есть чёткое понимание значимости экспериментального освоения в процессе обучения, то одно это уже сделает нас более ценными для наших учеников, чем если бы это понимание отсутствовало.

«Когда кто-то
осваивает что-то,
оно становится частью
этого человека.
Оно становится частью мыслей и творческого
процесса индивидуума.
Оно добавляет качество
своей сущности ко всей
последующейоследующеидуюческим способностям
индивидуума».

Рональд Дейвис, автор книг *«Дар дислексии»* и *«Дар обучения»*.

БИБЛИОГРАФИЯ

Additude, 2006. *What Is a 'Slow Processing Speed?'*. [онлайн]
Доступно по адресу:
http://www.additudemag.com/q%26a/ask_the_learning_expert/1553.html
[Версия от 29 июля 2016].

Ariely, D., 2008. *Predictably Irrational.* New York: HarperCollins.

Ashcraft, M. H. & Jeremy, A. K., 2007. Working memory, math performance, and math anxiety. *Psychonomic Bulletin & Review,* 14(2), pp. 243-248.

Associated Press, 1995. *UK: Prime Minister John Major Local Elections Comment.* [Онлайн]
Доступно на: http://www.aparchive.com/
[Версия от 5 августа 2015].

Baddeley, A. & Hitch, G. J., 1974. Working memory. In. *The psychology of learning and motivation: Advances in research and theory,* Volume 8, pp. 47-89.

British Broadcasting Corporation, 2017. *Independent school students gain extra time for exams.* [Онлайн]
Доступно нat: http://www.bbc.co.uk/news/education-38923034
[Версия от 16 апреля 2017].

British Dyslexia Association, 2015. *Literacy Tuition.* [онлайн]
Доступно на:

http://www.bdadyslexia.org.uk/educator/literacy-tuition
[Версия от 21 октября 2015].

British Dyslexia Association, 2015. *Visual Stress.* [Онлайн]
Доступно на: http://www.bdadyslexia.org.uk/dyslexic/eyes-and-dyslexia
[Версия от 21 октября 2015].

Brown, E. N., 2009. *Meaning, Morphemes and Literacy: Essays in the Morphology of Language and Its Application to Literacy.* Kibworth(Leicestershire): Book Guild Publishing.

Cavanna, A. E. & Trimble, M. R., 2006. The precuneus: a review of its functional anatomy and behavioural correlates. *Brain,* Volume 129, pp. 564-583.

Centre for Reading and Language, 2009. *The North Yorks Reading Intervention Project ,* York: Centre for Reading and Language.

Chamberlain, R. et al., 2014. Drawing on the right side of the brain: A voxel-based morphometry analysis of observational drawing. *Neuroimage,* August, Volume 96, pp. 167-173.

Charlesworth, J., 2011. *Maple Hayes Hall School,* Manchester: Office for Standards in Education, Children's Services and Skills.

Churchill, W. S., 1949. *The Second World War.* London: Cassell & Co. Ltd..

Coltheart, M., 2005. Modeling Reading: The Dual-Route Approach. In: M. J. Snowling & C. Hulme, eds. *The Science of Reading: A Handbook.* Oxford: Blackwell, pp. 6-23.

Coltheart, M. et al., 2001. DRC: A Dual Route Cascaded Model of Visual Word Recognition and Reading Aloud. *Psychological Review,* 108(1), pp. 204-256.

Davis Dyslexia Association International, 2012. *Using Visual Imagery for Reading Comprehension.* [онлайн]
Доступно на: http://www.dyslexia.com/?p=2339
[Версия от 28 августа 2016].

Davis, R. D., 1985. *The Cause of Dyslexia: Anatomy of a Learning Disability.* [онлайн]
Доступно на: https://www.dyslexia.com/davis-difference/davis-theory/the-cause-of-dyslexia/
[Версия от 31 октября 2016].

Davis, R. D. & Braun, E. M., 2003. *The Gift of Learning: Proven New Methods for Correcting ADD, Math & Handwriting Problems.* August 2003 ed. New York: Perigee / Penguin Putnam.

de Saussure, F., [1916] 1959. *Course in General Linguistics.* New York: The Philosophical Library.

Dyslexic Advantage, 2015. *Redefining Dyslexia Based On Strengths.* [онлайн]
Доступно на: http://www.dyslexicadvantage.org/redefining-dyslexia-based-on-strengths/
[Версия от 30 мая 2016].

Ellis, A., 1957. Rational Psychotherapy and Individual Psychology.. *Journal of Individual Psychology,* Volume 13, pp. 38-44.

Engelbrecht, R. J., 2005. *The effect of the Ron Davis programme on the reading ability and psychological functioning of children.* [онлайн]
Доступно на: http://bin.ddai.us/dys/docs/Engelbrecht-2005-Masters-Thesis.pdf
[Версия от 29 октября 2016].

Faber, A. & Mazlish, E., 2012. *How to Talk So Kids Will Listen & Listen So Kids Will Talk.* February 2012 ed. New York: Simon and Schuster.

Fawcett, A. & Nicolson, R., 2004. Dyslexia: the role of the cerebellum. *Electronic Journal of Research in Educational Psychology,* 2(2), pp. 35-58.

Frith, U. & Frith, C., 1998. Modularity of Mind and Phonological Deficit. In: C. von Euler, I. Lundberg & R. R. Llinas, eds. *Basic Mechanisms in Cognition and Language.* Amsterdam: Elsevier, pp. 3-17.

Gabrieli, J. D. E., 2009. Dyslexia: A New Synergy Between Education and Cognitive Neuroscience. *Science,* 17 July, Volume 325, pp. 280 - 283.

Gavin, P., 2015. *Audio Excerpts from the speech given by Heinrich Himmler to SS Group Leaders in Posen, occupied Poland.* [онлайн]
Доступно на: http://www.historyplace.com/worldwar2/holocaust/h-posen.htm
[Версия от 19 октября 2015].

Geschwind, N. & Galaburda, A. M., 1987. *Cerebral Lateralization: biological mechanisms, associations and pathology..* 1987 ed. Cambridge(Massachusetts): MIT Press.

Godsland, S., n.d. *Dyslexia Demystified*. [онлайн]
Доступно на: http://www.dyslexics.org.uk/
[Версия от 21 октября 2015].

Goleman, D., 1996. *Emotional Intelligence*. 1996 ed. London: Bloomsbury Publishing plc.

Google, n.d. *Google Books Ngram viewer*. [онлайн]
Доступно на: https://books.google.com/ngrams
[Версия от 1 июля 2015].

Griffin, J. & Tyrrell, I., 2001. *The APET model: standing cognitive therapy on its head*. [онлайн]
Доступно на: http://www.hgi.org.uk/resources/delve-our-extensive-library/mental-health-services-nhs-cbt-psychotherapy/apet-model
[Версия от 30 октября 2016].

Hallowell, E. M. & Ratey, J. J., 2005. *Delivered from Distraction*. First Edition ed. New York: Ballantine Books.

Hartmann, T., 2007. *Hunters and Farmers Five Years Later*. [онлайн]
Доступно на:
http://www.thomhartmann.com/articles/2007/11/hunters-and-farmers-five-years-later
[Версия от 29 июля 2016].

Hartmann, T., 2007. *Thom Hartmann's Hunter and Farmer Approach to ADD/ADHD*. [онлайн]
Доступно на:
http://www.thomhartmann.com/articles/2007/11/thom-hartmanns-hunter-and-farmer-approach-addadhd
[Версия от 31 июля 2016].

International Dyslexia Association, 2015. *Effective Reading Instruction.* [онлайн]
Доступно на: https://dyslexiaida.org/effective-reading-instruction/
[Версия от 18 июля 2017].

Jacobson, L. A. et al., 2011. Working Memory Influences Processing Speed and Reading Fluency in ADHD. *Child Neuropsychology,* 17(3), pp. 209-224.

Kelly, M., 2015. *[Senco-forum] phonics success?.* [Онлайн]
Доступно на: http://lists.education.gov.uk/pipermail/senco-forum/2015-July/017049.html
[Версия от 21 октября 2015].

Kim, J. S., 2008. Research and the Reading Wars. In: *When research matters: How scholarship influences education policy..* Cambridge(Massachusetts): Harvard Education Press, pp. 89 - 111.

Kirby, J. R. & Bowers, P. N., 2012. *Morphology Works.* [Онлайн]
Доступно на:
www.edu.gov.on.ca/eng/literacynumeracy/inspire/research/whatWorks.html
[Версия от 21 октября 2015].

Koestler, A., 1964. *The Act of Creation.* London: Hutchinson & Co..

Kramer, S., 2016. Is there a link between perceptual talent and dyslexia?. *The Journal of Inclusive Practice in further and higher education,* Issue 7, pp. 34-48.

Lazar, S. W. et al., 2005. Meditation experience is associated with increased cortical thickness. *Neuroreport,* 28 November, 16(17), pp. 1893-1897.

LeDoux, J. E., 2002. Emotion, Memory and the Brain. *Scientific American,* April, 12(1), pp. 62-71.

Lyle, S., 2014. The limits of phonics teaching. *School Leadership Today,* 10 02, Volume 5.5, pp. 68 - 74.

Mackay, D. G. et al., 2004. Relations between emotion, memory, and attention: Evidence from taboo Stroop, lexical decision, and immediate memory tasks. *Memory & Cognition,* 32(3), pp. 474-488.

Marshall, A., 2003. *Brain Scans Show Dyslexics Read Better with Alternative Strategies.* [Онлайн]
Доступно на:
http://www.dyslexia.com/science/different_pathways.htm
[Версия от 9 июля 2015].

National Literacy Trust, n.d. *The Secondary Quick Guide to Phonics.* [Онлайн]
Доступно на:
http://www.literacytrust.org.uk/assets/0002/3523/Sample_section_secondary_phonics_guide.pdf
[Версия от 8 июля 2015].

Oxford University Press, n.d. *Oxford Dictionary of English,* Brighton: WordWeb Software.

Pfeiffer, S. et al., 2001. The Effect of the Davis Learning Strategies on First Grade Word Recognition and Subsequent Special Education Referrals. *Reading Improvement,* 38(2).

Pfeiffer, S. et al., 2001. The Effect Of The Davis Learning Strategies On First Grade Word Recognition And Subsequent Special Education Referrals. *Reading Improvement,* 38(2), pp. 74 - 84.

Pinker, S., 1999. *How The Mind Works.* Kindle edition ed. London: Penguin Books.

Pinker, S., 2008. *The Stuff of Thought: Language as a Window into Human Nature.* London: Penguin Books.

Rayfield, D., 2005. *Stalin and His Hangmen: An Authoritative Portrait of a Tyrant and Those Who Served Him.* London: Penguin.

Reynolds, C. R. & Bigler, E. D., 2007. *Test of Memory and Learning - Second Edition.* Austin(Texas): Pro-Ed Inc..

Rose, S. J., 2009. *Identifying and Teaching Children and Young People with Dyslexia and Literacy Difficulties,* London: Department for Children, Schools and Families.

Savage, R., Carless, S. & Erten, O., 2009. The longer-term effects of reading interventions delivered by experienced teaching assistants. *Support for Learning,* May, 24(2), pp. 95-100.

Schurz, M. et al., 2015. Resting-State and Task-Based Functional Brain Connectivity in Developmental Dyslexia. *Cerebral Cortex,* October, 25(10), pp. 3502-3514.

Shaywitz, S. E., Mody, M. & Shaywitz, B. A., 2006. Neural Mechanisms in Dyslexia. *Current Directions in Psychological Science,* 15(6), pp. 278-281.

Smith, A., 1982. *Symbol Digit Modalities Test.* Torrance(CA): Western Psychological Services.

Snowling, M. J., 2000. *Dyslexia.* 2000 ed. Oxford: Blackwell Publishers Ltd..

Stein, J., 2001. The magnocellular theory of developmental dyslexia. *Dyslexia,* Jan - Mar, 7(1), pp. 12-36.

Stroop, J. R., 1935. Studies of interference in serial verbal reactions.. *Journal of Experimental Psychology,* 18(6), pp. 643-662.

Sweitzer, L., 2014. *The Elephant in the ADHD Room: Beating Boredom as the Secret to Managing ADHD.* 2014 ed. London: Jessica Kingsley Publishers.

Tressoldi, P. E. et al., 2003. Confronto di efficacia ed efficienza tra trattamenti per il miglioramento della lettura in soggetti dislessic.. *Psicologia Clinica Dello Sviluppo,* VII(3), pp. 481-493.

Turner, M., 1994. Sponsored Reading Failure. In: *Language, Literacy and Learning in Educational Practice.* Clevedon: Multilingual Matters Ltd., pp. 111 - 127.

Tzivanakis, I., 2003. Links oder rechts? Auf der Suche nach einer Problemdefinition.. *The Dyslexic Reader,* 30(1), pp. 15-17.

UK Literacy Association, 2012. *Analysis of Schools' response to the Year 1 Phonics Screening Check,* Leicester: UK Literacy Association.

van Staden, A., Tolmie, A. & Badenhorst, M., 2009. Enhancing intermediate dyslexic learners' literacy skills: a

Free State community project.. *Africa Education Review*, October, 6(2), pp. 295-307.

von Károlyi, C. & Winner, E., 2004. Dyslexia and Visual Spatial Talents: Are They Connected?. In: T. M. Newman & R. J. Sternberg, eds. *Students with Both Gifts and Learning Disabilities: Identification, Assessment, and Outcomes*. New York: Springer Science+Business Media, pp. 95-118.

Ward, H., 2010. *Is the zort-and-koob reading test for six-year-olds simply too monstrous?*. [Онлайн]
Доступно на:
https://www.tes.co.uk/article.aspx?storycode=6064219
[Версия от 10 июля 2015].

Whitehead, P., 2016. *How Homeschooling Set Me Free to Love My ADHD*. [Онлайн]
Доступно на:
http://www.additudemag.com/adhdblogs/30/12019.html
[Версия от 30 октября 2016].

Wilce, H., 2011. *One-to-one makes all the difference when teaching children to read*. [Онлайн]
Доступно на:
http://www.independent.co.uk/news/education/schools/one-to-one-makes-all-the-difference-when-teaching-children-to-read-977889.html
[Версия от 22 октября 2015].

Winter, C., 2015. *The Virtual 'Caliphate': Understanding Islamic State's Propaganda Strategy*. [Онлайн]
Доступно на: http://www.quilliamfoundation.org/
[Версия от 19 октября 2015].

Zylowska, L., Ackerman, D. L., May, H. & Yang, J., 2008. Mindfulness Meditation Training in Adults and Adolescents With ADHD. *Journal of Attention Disorders,* May, 11(6), pp. 737-746.

ПРЕДМЕТНЫЙ УКАЗАТЕЛЬ

Али, Фатима, 136
анализ ошибок при чтении, 15
Бэддели, Алан и Хитч, Грэхем, 130
Виннер, Эллен, 18
графемно-фонемное соответствие, 21
Двухканальная каскадная модель, 26
дезориентация, 124–25
Дейвис, Рональд, 20
дислексия, гипотезы, 117–19
дополнительное времени на сдачу экзаменов, 49
Зиловска, Лидия, 106
Институт, 121
Исследование, 23
Консультация для ориентации по методу Дейвиса®, 106–8
концептуальная мудрость, 62–65
Крамер, Сара, 18
Лайл, Сью, 67
медитация осознанности, 106
Мейджор, Джон, 57
меридиан, 191
морфологические подходы к чтению, 71–74
Организация, 19
Пинкер, Стивен, 58
Процедура, 147–49
процедура Освоения символов Дейвиса®, 47
Пунктуация в образах, 171–75
Пфайфер, Шерон, 137
рабочая память, 130–33
разрядность числа (математика), 212–25
Роуз, Джим, 54
Синдром дефицита внимания и

гиперактивности, 98–115
Смит, Кэролин, 34
соединительные слова, 66
Стратегии обучения по методу Дейвиса®, 136–44
Сэвэдж, Роберт, 24
три части слова, 28
Уайтхэд, Филипп, 112–15

фон Каройи, Катя, 18
фонетическое обучение чтению, 21–22, 68
Хартманн, Том, 102–4
Хэлловэлл, Эдвард, 108–9
Школа дислексии Мейпл Хейз, 73–74
Эффект Струпа, 90–92

Двигаясь дальше

ПОЧЕМУ *ТИРАННОЗАВР* НО НЕ *ЕСЛИ*?

Книга «*Дар дислексии*» Рональда Дейвиса

Книга, написанная дислектиком, который сумел преодолеть свои собственные тяжелейшие трудности с чтением, пошагово описывает техники визуализации и мультисенсорного обучения, которые помогли ему и тысячам других дислектичных детей и взрослых научиться читать.

Более того – в ней впервые полностью объясняется опыт жизни дислектика, от раннего проявления первых признаков дислексии до её постепенного закрепления.

Дислектики смогут увидеть в авторских описаниях состояний замешательства и дезориентации собственный опыт. Они узнают, как неуверенность в распознании букв, других текстовых символов и многих часто употребляемых слов, оставшаяся с ранних лет школьного обучения, вызывает искажение восприятия, которое делает чтение и письмо таким трудным для многих "умных двоечников".

Эта книга обязательна к прочтению всем учителям, педагогам-психологам и родителям.

ДВИГАЯСЬ ДАЛЬШЕ

Кому помогает метод Дейвиса®

Методисты программ Дейвиса для дислексии помогают людям с трудностями в:

чтении
правописании
письме
математике

чувстве времени
фокусировке внимания
организованности
координации

Методисты программ Дейвиса для аутизма помогают людям с аутизмом, ограниченными исполнительными функциями и некоторыми другими задержками в развитии..

Чтобы найти ближайшего методиста Дейвиса, воспользуйтесь ссылкой:

https://www.dyslexiadar.com/

Licensed and certified
by Davis Dyslexia
Association International

Профессиональные услуги, описываемые как Дейвис®, включая следующие: Коррекция дислексии по методу Дейвиса®, Освоение символов по методу Дейвиса®, Консультация Дейвиса® по ориентации, Программа «Освоение внимания по методу Дейвиса®», Программа «Освоение математики по методу Дейвиса®» и Программа «Освоение чтения по методу Дейвиса® для детей младшего возраста» могут проводиться только методистами по коррекции дислексии по методу Дейвиса, завершившими образование и лицензированными Международной ассоциацией коррекции дислексии по методу Дейвиса.
«Дейвис™», «Подход Дейвиса™ к аутизму», «Шаги по камешкам Дейвиса™» и «Концепции для жизни по методу Дейвиса™» являются товарными знаками Рональда Д. Дейвиса. Коммерческое использование этих товарных знаков для идентификации образовательных, учебных или терапевтических услуг требует лицензирования владельцем товарного знака.

Тренинг для родителей

Чему вы научитесь:

Занятие 1: Запутались?
Ваш путь как родитель "умного двоечника".
Роль замешательства в трудностях обучения.
Процедура Дейвиса: "Разрядка".

Занятие 2: Дары и проблемы
Таланты, которые сопутствуют трудностям в обучении.
Как талант может стать причиной проблемы?
Вербальное (словесное) мышление и образное мышление.

Занятие 3: Как думают и учатся дислектики?
Концепция "дезориентации" и ее роль в трудностях обучения.
Проблема со словами как "если".
Процедура Дейвиса: "Создай слово".

Занятие 4: Обучение для людей с образным мышлением
Визуализация для понимания прочитанного
Пунктуация как навык чтения
Запоминание прочитанного
Почему пластилин?
Методики Дейвиса: "Пунктуация в образах" и "Освоение символов".

Занятие 5: Углубление
"Пунктуация в образах" при фантастике и публицистике.
Словари: ресурс для тех, кто мыслит картинками.
"Освоение символов" для научных терминов.
Изображение научных определений.

Занятие 6: Подведение итогов
Полный обзор курса.

Курс включает в себя:
- шесть двухчасовых групповых занятий в прямом эфире
- полную рабочая тетрадь
- 1 кг белого пластилина

Узнайте о ближайших курсах на
https://www.dyslexiadar.com/

Семинар «Дар дислексии»

Семинар «Дар дислексии» - это четырёхдневное введение в базовые теории, принципы и методы применения всех процедур, описанных в международном бестселлере Рональда Дейвиса «Дар дислексии» и не только. Тренинг состоит из комбинации лекций, демонстраций, групповой практики и занятий в формате «вопрос-ответ».

Участники узнают:

- как были разработаны процедуры Дейвиса.
- как установить наличие «дара дислексии» и выявить симптомы.
- как помочь дислектику избавиться от перцептивной дезориентации и сфокусировать внимание.
- особые техники для работы с людьми, не умеющими визуализировать или имеющими симптомы СДВ.

- как внедрить и использовать проверенные методы снижения числа ошибок и замешательства в классе, при обучении дома, у репетитора или на терапевтических занятиях.
- Как правильно структурировать Программу Дейвиса.

Кому стоит участвовать?

✓ Родителям
✓ Частным репетиторам
✓ Учителям средней школы
✓ Учителям особого образования
✓ Психологам
✓ Логопедам
✓ Эрготерапевтам
✓ Инструкторам
✓ Исследователям
✓ Всем желающим помогать людям с дислексией

Узнайте о семинарах поблизости на
https://www.dyslexiadar.com/

ПОЧЕМУ *ТИРАННОЗАВР* НО НЕ *ЕСЛИ?*

Хотели бы вы …

- Донести знания до всех ваших учеников, вне зависимости от их стиля обучения?
- Более эффективно управлять своим классом?
- Научиться гибким и легко интегрируемым методам обучения?
- Научиться <u>предотвращать</u> появление расстройств обучения?

СТРАТЕГИИ ОБУЧЕНИЯ ПО МЕТОДУ ДЕЙВИСА®

**Прорыв в начальном образовании
Основанный на шести годах исследований и тестового обучения**

«Процесс созидания и процесс обучения стали настолько тесно связаны, что мы никогда уже не сможем их разделить»
- Рональд Дейвис

Более подробную информацию о стратегиях и том, как перенести их в свою школу ищите на
https://www.dyslexiadar.com/

ДВИГАЯСЬ ДАЛЬШЕ

«Я не понимаю:
Он может прочесть
тираннозавр, но застревает
на *если*!!»

Хотели бы вы:
- узнать, почему некоторые одарённые дети не могут освоить многие базовые навыки;
- использовать эти знания для того, чтобы круто изменить благополучие и перспективы этих детей;
- узнать подходы и техники, с помощью которых вы можете помочь улучшить свои знания и навыки как лучшим, так и отстающим от класса ученикам;
- дать непослушным и импульсивным детям инструменты для контроля своего поведения;
- изменить к лучшему условия для детей, которые хорошо учатся, но испытывают проблемы с усидчивостью, координацией, спортом или распознаванием человеческих эмоций?

Запишитесь на наш *бесплатный* онлайн-курс — есть отдельные версии для учителей и родителей. Если Вы родитель, попросите записаться учителей вашего ребёнка.

www.whytyrannosaurusbutnotif.com

Ричард Уайтхэд

Ричард является лицензированным Специалистом по методу Дейвиса для дислексии и ведет практику с 2002 года. Также Ричард является лицензированным Методистом / Коучем по методу Дейвиса для аутизма.

Проработав несколько лет учителем, Ричард впервые узнал о методе Дейвиса, когда искал способ помочь в обучении сыну своих друзей.

Его обширный опыт в сфере образования включает в себя преподавание как в секторе обучения для взрослых, так и в стандартном школьном образовании. В течение десяти лет Ричард занимал различные должности в Malvern College, процветающей независимой средней школе-интернате в Вустершире, Великобритания. Шесть из этих лет Ричард занимал пост координатора по особым образовательным потребностям; в этой должности он отвечал за поддержку всех учеников с дислексией, диспраксией, СДВГ и аутизмом.

Ричард имеет степень магистра искусств и магистра философии Оксфордского университета, диплом педагога, также диплом по трудностям в обучении Королевского общества искусств. В течение последних семнадцати лет Ричард читал лекции, проводил презентации о методах обучения по системе Дейвиса, и образовал новых Методистов в Великобритании, Ирландии, Польше, Португалии, Италии, Израиле, Индии, ЮАР, Новой Зеландии, Исландии, Эстонии и США.

Ричард – англичанин. Но он свободно владеет русским языком.

www.ingramcontent.com/pod-product-compliance
Lightning Source LLC
Chambersburg PA
CBHW021142080526
44588CB00008B/173